# WERNER KNAUPP

Kunsthalle Nürnberg
Städtische Galerie Erlangen

# WERNER KNAUPP

Verlag für moderne Kunst Nürnberg

# INHALT

| | |
|---|---|
| LEIHGEBER | 6 |
| VORWORT | 7 |
| BRÜCHE UND KONTINUITÄT<br>Lucius Grisebach | 9 |
| DIE LÄNDEREIEN DES WERNER KNAUPP<br>Heinz Neidel | 15 |
| WERNER KNAUPP UND DAS FEUER<br>Peter Anselm Riedl | 20 |
| WERNER KNAUPPS ERFAHRUNGEN AN DEN GRENZEN DES SEINS<br>Franz Joseph van der Grinten | 27 |
| DURCHGANG DURCH NULL<br>Eberhard Roters | 30 |
| MENSCHEN-LANDSCHAFTEN<br>Zur Symbiose von Menschenbild und Landschaft<br>im Werk von Werner Knaupp<br>Lisa Puyplat | 34 |
| NKH BAYREUTH – BILDER VON WERNER KNAUPP<br>Felix Böcker | 39 |
| DER AUSBRUCH DER FARBE<br>Zu den Pastellen von Werner Knaupp seit 1987<br>Christine Hopfengart | 41 |
| ABBILDUNGEN | 47 |
| Tuschfeder- und Kugelschreiberzeichnungen | 48 |
| Kugelschreiberbilder | 69 |
| Köpfe, gezeichnet, gerissen, gebrannt | 91 |
| Zeichnungen aus dem Nervenkrankenhaus Bayreuth | 104 |
| Kreuzweg I und II | 117 |
| Verbrennungen | 147 |
| Eisenplastiken | 172 |
| Pastelle | 188 |
| ANHANG<br>Maren Knaupp | 217 |
| Lebensdaten | 218 |
| Ausstellungen | 219 |
| Literatur | 225 |
| KATALOG | 230 |

## LEIHGEBER

Prof. Dr. Böcker, Bayreuth
Klaus Bröer, Peunting
Dr. med. habil. Thomas Bronisch, München
Marianne und Hansfried Defet, Nürnberg
Sammlung Gangla, Düsseldorf
Alexandra M. Hackelsberger, Bad Säckingen
Hans Hahn, Winkelhaid
Dr. Klaus Kinkel, Baden-Baden
Werner Knaupp, Ernhofen
Walter H. Lechner, Nürnberg
Björn und Ricarda Luley, München
Galerie Bernd Lutze, Friedrichshafen
Matthias Mende, Nürnberg
Privatbesitz M+WS
M. Porst, Nürnberg
Galerie Rothe, Frankfurt am Main
Maria Rothe, Frankfurt am Main
Peter Schmid, Nürnberg
Karl Gerhard Schmidt, Nürnberg
sammlung SER
Claude Sui-Bellois, Heidelberg
Elke und Hans Jörg Uebel, Nürnberg

Sowie zahlreiche Privatsammler,
die ungenannt bleiben möchten

Nervenkrankenhaus Bayreuth
Stadt Bayreuth
Staatliche Museen zu Berlin, Nationalgalerie
Staatliche Kunstsammlungen Dresden,
Kupferstich-Kabinett
Kunstsammlung der Kreissparkasse Esslingen-
Nürtingen
Städtische Museen Heilbronn
Museum für Sepulkralkultur, Kassel
Museum Ludwig, Köln
Museum für Kunst- und Kulturgeschichte der
Hansestadt Lübeck
Wilhelm-Hack-Museum, Ludwigshafen am
Rhein
Bayerische Staatsgemäldesammlungen
München, Sammlung Etta und Otto Stangl
Städtische Galerie im Lenbachhaus, München
Stadtgeschichtliche Museen Nürnberg
Graphische Sammlung Staatsgalerie Stuttgart
Städtische Galerie Schloß Wolfsburg

# VORWORT

Erstmals nach zwanzig Jahren wird in diesem Buch, das eine Gemeinschaftsausstellung der Kunsthalle Nürnberg und der Städtischen Galerie Erlangen begleitet, wieder eine Gesamtdarstellung des bisherigen Werkes von Werner Knaupp versucht. Als 1974 im Verlag für moderne Kunst Nürnberg das von Hansfried Defet und Barbara Knaupp bearbeitete Werkverzeichnis mit einer Einleitung von Heinz Neidel erschien, da bezog es sich auf die Jahre 1965 bis 1973 und zeigte ein sehr einheitliches Oeuvre in einer überaus einheitlichen Entwicklung. Es war die selbstbewußte Bilanz eines jungen Künstlers, der in kürzester Zeit Erfolg erlebt und einen Platz in der ersten Reihe der deutschen Kunst erreicht hatte. In der Zwischenzeit hat Werner Knaupps Kunst tiefgreifende Veränderungen durchlaufen, Krisen, Brüche und kraftvolle Neuansätze erlebt. Aus dem scheinbar gradlinigen Weg ist eine Vertiefung und komplexe Entfaltung geworden, und wir stehen heute einem vielgestaltigen und ausgereiften Werk gegenüber, in dem alle Abschnitte ihre Bedeutung und ihr Gewicht haben.

So war es längst an der Zeit, wieder einmal den Blick auf die Gesamtleistung zu werfen, nachdem wir in den letzten zwanzig Jahren die verschiedenen Etappen einer wechselvollen und aufregenden Entwicklung in vielen Ausstellungen und Katalogen verfolgen konnten. 1977 waren Knaupps Zeichnungen in der Documenta 6 in Kassel zu sehen. In den achtziger Jahren fanden Ausstellungen seiner Verbrennungs- und Todesbilder und seiner Skulpturen in mehreren großen Museen statt. 1985 erhielt er den Preis für Kunst und Wissenschaft der Stadt Nürnberg, seit 1986 lehrt er in Nürnberg an der Staatlichen Akademie der Bildenden Künste. Gründe und Motivation zu dieser Ausstellung gab es also schon seit Jahren, aber den Zeitpunkt hat der Künstler selbst bestimmt. Es ging ihm darum, auch mit seinen neuesten Bildern, den farbigen Pastellen von Sonnen und Monden, Bergen und Vulkanen so weit zu sein. Jetzt zeigt er sich in aller Ausführlichkeit.

Die schönen Räume der Nürnberger Kunsthalle sind leider viel zu klein, um dort alleine ein so umfassendes Vorhaben zu verwirklichen. So haben sich die beiden benachbarten Kunstinstitute, die sich Werner Knaupp und seiner Kunst gleichermaßen verbunden fühlen, die Städtische Galerie Erlangen und die Kunsthalle Nürnberg, für eine große Retrospektive zusammengetan. Es entstand eine gemeinschaftlich konzipierte und organisierte Doppelausstellung an zwei Orten mit einer gemeinsamen Publikation. Das heißt, was sich hier in diesem Buch als eines darbietet, das sind in Wirklichkeit zwei in sich jeweils selbständige Ausstellungen. Wir wollten nicht eine Ausstellung zerteilen und bestimmte Abschnitte des Werkes hier, andere dort ausstellen, sondern trotz der Zweiteilung die Geschlossenheit des Ausstellungserlebnisses bewahren. So kam es zu dem Konzept zweier paralleler Präsentationen, von denen jede jeweils den ganzen Knaupp vorführt und jede für sich alleine stehen könnte, die aber dennoch unterschiedlich auftreten. Diese Aufteilung eines Werkes in zwei parallele Präsentationen ist für alle Beteiligten ein Experiment, wie man an zwei Orten gleichzeitig eine umfassende Darstellung erreichen könnte, ohne das Werk zu zerstückeln. Wir hoffen, daß es auch den Besuchern in Erlangen und Nürnberg Gewinn bringt, vor allem natürlich denjenigen, die sich tatsächlich beide Ausstellungen ansehen werden.

Hinter den Ausstellungen und hinter diesem Buch stehen die vielen Freunde Werner Knaupps und seiner Kunst, und der Künstler kann sich freuen, daß er deren viele hat. Ohne diesen großen und engagierten Freundeskreis hätten die beiden ausstellenden Institute ihr Ziel nicht erreichen können. Wir nennen an erster Stelle Marianne und Hansfried Defet, Karl-Gerhard Schmidt und Bruno Schnell, die durch überaus großzügige Zuschüsse den Druck dieses stattlichen Katalogbuches ermöglicht haben. Dafür danken wir ihnen – auch im Namen des Künstlers – aufs allerherzlichste.

Aber erst die Leihgeber, die sich bereit finden, für längere Zeit auf Kunstwerke zu verzichten, Bilder, die oft schon seit Jahrzehnten ihren angestammten Platz in ihrer persönlichen Umgebung haben, machen Ausstellungen möglich. Sie leisten dem Künstler einen der wichtigsten Freundschaftsdienste, und dafür gebührt ihnen unser besonderer Dank. Die Werke, die wir zeigen, wurden aus mehr als fünfzig verschiedenen öffentlichen und privaten Sammlungen zusammengetragen. Man erkennt daran, wie breit angelegt und tief verankert die Zuneigung zu Werner Knaupps Kunst ist.

Zu den Freunden gehören auch diejenigen, die mit ihren Textbeiträgen für dieses Buch unsere eigenen Bemühungen zur Darstellung des Künstlers und seiner Arbeit unterstützt haben, Felix Böcker, Franz-Joseph van der Grinten, Peter Anselm Riedl und Eberhard Roters. Auch ihnen gilt unser herzlicher Dank.

Auch Werner Knaupp selbst, seiner Frau Barbara und ihrer Tochter Maren haben wir vielfältigen Dank abzustatten, Dank für die Bereicherung, die wir in vielen Gesprächen mit dem Künstler anläßlich der Ausstellungsvorbereitungen erfahren haben, und Dank für die Vorarbeiten von Barbara Knaupp, auf deren perfekt geführtes Werkverzeichnis wir uns stützen konnten. Maren Knaupp, der jungen Kunsthistorikerin, verdanken wir eine perfekte Dokumentation im Anhang des Kataloges.

Dank richtet sich schließlich an alle Mitarbeiter der beteiligten Institute für ihre inhaltliche, organisatorische und technische Mitwirkung bei höchstem Engagement. In der Kunsthalle Nürnberg sind das Christine Hopfengart, auf der die organisatorische Gesamtverantwortung und damit auch die meiste Arbeit lastete, Wolfgang Horn und Joseph Helfrecht, die sich um den Leihverkehr kümmerten, Andrea Madesta, die uns als Praktikantin in allen Bereichen der Katalogredaktion zur Seite stand, Nikola Roppelt und Monika Eckert, die alle Manuskripte in den Computer eingaben, und die bewährten Ausstellungstechniker Willi Oschütz, Rudolf Nowag und Gerhard Mielke. In der Städtischen Galerie Erlangen danken wir Lisa Puyplat für ihr Mitarbeiten an der Konzeption, Gerhard C. Tillmann für organisatorische Mitarbeit und Dietlinde Schunk-Assenmacher für aufmerksames Korrekturlesen, im Institut für moderne Kunst Nürnberg und seinem Verlag gilt unser Dank Heinz Neidel und Manfred Rothenberger für die wie immer vorzügliche Zusammenarbeit. Durch das Zusammenwirken aller Institutionen und Personen sind Buch und Ausstellungen auch eine Manifestation dafür, welches Engagement für Gegenwartskunst sich in den letzten fünfundzwanzig Jahren in unserer Region entwickelt hat, seit Dietrich Mahlow in Nürnberg die Kunsthalle und das Institut für moderne Kunst ins Leben rief. Daß dieses Engagement Werner Knaupp zugute kommt, einem der bedeutendsten Künstler unserer Region, ist nur angemessen.

| | |
|---|---|
| Lucius Grisebach | Karl Manfred Fischer |
| Kunsthalle Nürnberg | Städtische Galerie Erlangen |

# BRÜCHE UND KONTINUITÄT

Lucius Grisebach

Vor genau zehn Jahren, als in der Berliner Nationalgalerie und anschließend in Bremen, Lübeck und Nürnberg von Werner Knaupp Bilder der Jahre 1977 bis 1982 gezeigt wurden, stand der Autor dieses Textes vor der Aufgabe, einen außergewöhnlichen Bruch und fundamentalen Neuanfang im Werk des Künstlers zu verstehen und zu beschreiben, denn Mitte der siebziger Jahre hatte Werner Knaupp die bewährten Wege seiner in perfektester Kugelschreiberzeichentechnik ausgeführten Landschaftsbilder – die ihn bekannt gemacht hatten und landesweit zu einem Begriff geworden waren – verlassen und sich in einer ganz anderen Form, der Kohlezeichnung, einem ganz neuen Thema zugewandt, der menschlichen Figur in ihrem kreatürlichsten Zustand, dem von Wahnsinn und Tod ergriffenen Individuum. Für viele unter Knaupps Freunden und Sammlern war dieser Bruch ein sehr schwierig zu verstehender und noch schwieriger zu akzeptierender Vorgang gewesen. Er hatte Zweifel und Unverständnis entstehen lassen, und es kostete den Künstler damals sehr viel Kraft und Ausdauer, für die Rigorosität seines Handelns Verständnis und für seine neuen Arbeiten Zustimmung zu finden. Zu allem bedeutete dieser Bruch nicht nur eine künstlerische Verunsicherung, sondern eine ganz handfeste wirtschaftliche Krise, weil sich von den neuen Arbeiten jahrelang kaum etwas verkaufen ließ. Es dauerte lange, bis die heute gültige Wertschätzung sich durchsetzte. Jetzt – zehn Jahre später – wissen wir, daß dem ersten Bruch der siebziger Jahre in den achtziger Jahren ein zweiter gefolgt ist, aus dem wiederum ein neuer Ansatz sich entwickelt hat. Nach den Figurenzeichnungen und -bildern zum Thema Tod und Verbrennung, die zwischen 1976 und 1984 entstanden, und nach den daraus hervorgegangenen Eisenskulpturen der Jahre 1983 bis 1987 entstehen seit der zweiten Hälfte der achtziger Jahre farbige Pastelle. Allerdings stellt sich dieser zweite Neuanfang anders dar als der erste, denn zugleich mit dem erneuten Aufbruch zu einer neuen Form und einem neuen Medium, dem farbigen Pastellbild, brachte er eine Rückwendung zum früheren Thema der Landschaft.

So hat sich – gegenüber dem Zustand vor zehn Jahren, als man sich dem Phänomen eines Künstlers ausgesetzt sah, der alles erfolgreich Erarbeitete hinter sich gelassen hatte und in neue, ungesicherte Welten aufgebrochen war – das Bild des bisherigen Werkes von Werner Knaupp (das in dieser Ausstellung erstmals in seiner Gesamtheit zu sehen ist) und das Bild von seiner Entwicklungsrichtung wieder geändert. Das Verhältnis von Bruch und Kontinuität stellt sich heute anders dar als vor zehn Jahren – anders nicht im Sinne von Gegensätzlichkeit oder gar Widersprüchlichkeit, sondern im Sinne von höherer Differenziertheit und zugleich Deutlichkeit. Das heißt, was wir vor zehn Jahren feststellen konnten, hat seine Gültigkeit nicht verloren, hat sich im Grundsatz bestätigt, hat sich aber durch die weitere Entwicklung zugleich differenziert und verdeutlicht.

Wir haben es bei Werner Knaupp heute mit drei großen Werkphasen zu tun, die – stilistisch gesehen – in sich jeweils von starker Konsistenz geprägt sind, die sich aber untereinander außergewöhnlich stark und außergewöhnlich deutlich unterscheiden, den Landschaftsbildern in Feder- und Kugelschreiberzeichnung zwischen 1965 und 1974, den Zeichnungen, Bildern und Skulpturen zum

Thema Menschenbild, Sterben, Tod und Verbrennung zwischen 1976 und 1987, sowie den Landschaften in farbigem Pastell seit 1987. Zwangsläufig stellt sich die Frage, was diese Werkgruppen miteinander verbindet, welche Logik für die Entwicklung des Künstlers und die darin aufgetretenen Brüche verantwortlich ist und inwiefern wir es hier mit einem typischen oder gar beispielhaften Fall zu tun haben.

Unser Urteil über Künstler hängt – mehr als wir uns gemeinhin selbst bewußt machen – von unseren eigenen vorgegebenen Denkbildern und Denkschemata ab. So ist das Problem von Bruch und Kontinuität im Werk des Künstlers nicht nur ein Problem des Künstlers selbst, sondern mindestens so sehr - vielleicht noch viel stärker – ein Problem des Betrachters und seiner Erwartungen. Der Betrachter hat Vorstellungen, wie sich das Werk eines Künstlers logisch zu entwickeln und zu entfalten hat. Er erwartet, daß der Künstler ‚seinen Stil findet' und daß dieser Stil – einmal gefunden – das stabile Fundament für eine lebenslange Entwicklung hergibt. Stil ist die Grundlage allen Urteils und der zentrale Begriff der Kunstkritik. Stilistische Geschlossenheit und Folgerichtigkeit der stilistischen Entwicklung sind die zentralen Forderungen an das Werk eines Künstlers. Stilbrüche – tatsächliche oder vermeintliche – werden vor diesem Hintergrund als Schwäche verstanden, als Zeichen von Inkonsequenz und als Beweis dafür, daß ein Stil zu schwach sei, zu wenig hergäbe für ein ganzes Lebenswerk. Dabei bleibt unbeachtet, welches künstlerische Gewicht hinter einer Stilposition steht und daß dieses künstlerische Gewicht eben keineswegs nur aus der Kategorie Stil erwächst. Der Zwang zum in sich logischen, einheitlichen Stil hat sicherlich zu einer extremen Einengung der Kunst geführt. Nicht nur die Kritik, auch der Markt honoriert es nicht, wenn ein Künstler die eingefahrenen Bahnen seines bewährten Stiles verläßt. Dieses Phänomen konnte man schon bei den holländischen Malern des siebzehnten Jahrhunderts beobachten, am extremsten jedoch erleben wir es in der Moderne.

Erst in jüngster Zeit, seit den sechziger Jahren, tritt dem stilistisch definierten Künstler – ein Bild, das sich aus dem kunsthistorischen Denken des neunzehnten Jahrhunderts entwickelt und immer mehr verfestigt hat – ein anderer Typus entgegen, der konzeptuell denkende, gewissermaßen problemorientierte Künstler. Er weiß um die Begrenztheit des Stildenkens, macht die Stilproblematik möglicherweise selbst zum Thema seiner künstlerischen Reflexion und agiert damit auf einer höheren Ebene. Am beispielhaftesten ist diese Entwicklung an Gerhard Richter und seiner Malerei zu beschreiben. Da folgen sich Werkgruppen unterschiedlichsten Aussehens, widersprüchlichsten ‚Stiles', die sich aber beim genauen Hinsehen als Etappen einer planvollen Auseinandersetzung mit Malerei erweisen. Das folgerichtige Prinzip hinter Richters stilistisch scheinbar wechselvoller und widersprüchlicher Entwicklung, das gemeinsame Vielfache seiner Arbeit, ist eben nicht mehr ein Stil, sondern ein gedanklich zu fassendes Konzept, ein analytischer Ansatz, mit dem der Künstler Schritt für Schritt Grundprobleme der Tafelbildmalerei untersucht, sei es die Beziehung zwischen Motiv und Malerei, die Eigenständigkeit von Malerei, die physische Präsenz von Farbe auf der Bildfläche oder die Aussagekraft von Malerei nach Ausschluß aller Motivik und allen Ausdrucks (im expressionistischen Sinne). Stil ist in diesem Konzept selbst Gegenstand der Untersuchung.

Es soll hier nicht einer Verwandtschaft oder Interessengleichheit zwischen Gerhard Richter und Werner Knaupp das Wort geredet werden. Das wäre grundsätzlich falsch. Für Werner Knaupp hat Stil eine andere Bedeutung, in seiner Arbeit spielt Stil als tragendes Element sehr wohl eine Rolle, aber auch Knaupp weiß um die Enge des ausschließlichen Stildenkens und hat sich eben dieser Enge immer wieder in rigorosen Schritten entzogen. Werner Knaupp rückt dem Bild nicht mit der gleichen analytischen Distanz zu Leibe wie Gerhard Richter, seine Ansprüche an das Bild sind von fundamental anderer Art. Aber beiden Künstlern geht es um Existenzfragen des Bildes. Arbeitet Richter – vor dem Hintergrund der vieltausendjährigen Kunstgeschichte, die in gewisser Weise ‚alle Bilder schon gemalt hat', – an dem Bild, das noch gemalt werden darf, das vielleicht sogar unbedingt gemalt werden muß, weil es tatsächlich noch nie gemalt wurde – nie haben Künstler so sehr im ständigen Bewußtsein der Kunstgeschichte gelebt wie heute –, so arbeitet Knaupp auch noch an dem Bild, das nicht nur aus der professionellen Logik des Stils hervorgegangen und aus ihr begründet sein darf, sondern das in einer elementaren und existentiellen Erfahrung von Leben und Wirklichkeit begründet sein muß. Dabei ist eben die Überzeugungskraft und Glaubwürdigkeit der Erfahrung, die das Bild trägt und in das Bild eingegangen ist, entscheidender als die Integrität des Stiles.

Auch bei Gerhard Richter geht es nicht allein um ‚Kunst als Kunst', vielmehr steckt in der Existenzfrage des Malers, ob er ein Bild malen kann, das gemalt werden mußte, die Existenzfrage des Lebens überhaupt. Aber bei Werner Knaupp ist die Beziehung zwischen Kunst und Leben eine grundsätzlich andere. Knaupp malt nur Bilder, die ein Thema, einen Inhalt haben. Darauf besteht er. Bilder allein als Untersuchung über Bilder sind für ihn nicht möglich.

Knaupps stilistische Entwicklung war immer und ist immer begleitet von der Suche nach Erfahrungen – von Erlebnissen zu sprechen, wäre an dieser Stelle zu oberflächlich oder zufällig, auch wenn die Erfahrungen im konkreten Einzelfall durch Erlebnisse vermittelt worden sein mögen. Als Landschaftskünstler reiste Knaupp in die entlegensten Winkel der Welt, um unberührte und erhabene Landschaften kennenzulernen, die ein tiefgreifenderes, elementareres Naturerlebnis vermitteln konnten als die bekannte mitteleuropäische Umwelt. Man kann das als eine Suche nach dem Extremen bezeichnen, doch man wird sofort hinzufügen müssen, daß sich die Suche nicht im Aufspüren von Extremen erschöpft hat, nicht sensationssüchtiger Selbstzweck war. Im extremen Erlebnis der Natur ging es um eine Erfahrung des Elementaren und damit Reinen, das möglicherweise nur im Extremen zu erleben ist.

Die Kunsttheorie des achtzehnten Jahrhunderts hat den Begriff des Erhabenen gefunden für eine bestimmte Form der Übersteigerung von Naturerscheinungen in der Kunst, um beim Betrachter eine höhere Empfindung von allgemeingültiger Qualität auszulösen. In der Praxis der Malerei bedeutete das eine dramatisierende Übersteigerung von Naturformen, die der Künstler aus seinem künstlerischen Denken erfand, seinem eigenen Naturstudium also hinzufügte. Knaupp suchte (und sucht heute wieder) das Erhabene in der Natur selbst als tragende Kraft für seine Bilder. Dort tritt es aber nicht in theatralisch dramatisierter Übersteigerung, sondern in einer ‚erhabenen' Einfachheit, in einer überaus konzentrierten und kontrollierten Form auf.

Vom ‚erhabenen' extremen Naturerlebnis führte die Suche zu existentiellen Erfahrungen von Leben und Tod. Wir wissen nicht, was das auslösende Moment war, aber im Jahre 1974 wurden aus den Kugelschreiberlandschaften große ‚landschaftlich' zerklüftete Köpfe, noch in der gleichen Kugelschreibertechnik gezeichnet, aber mit Acrylfarbe rötlich untermalt. Danach legte Werner Knaupp – wie er es damals ausdrückte – den Kugelschreiber aus der Hand. Es trat eine Unterbrechung ein, es entstanden Kohlezeichnungen von Köpfen, denen 1977 die großen Figurenzeichnungen aus dem Nervenkrankenhaus von Bayreuth folgten. Der Künstler war zu den Kranken gegangen, hatte über Monate bei ihnen und für sie als Hilfspfleger gearbeitet. Er hatte den unmittelbaren Umgang und die eigene unmittelbare Erfahrung mit einer Extremsituation menschlicher Existenz gesucht. Das setzte sich über mehrere Stufen fort. 1979 arbeitete er längere Zeit im Sterbehaus der Mutter Teresa in Kalkutta, pflegte die Sterbenden und half bei der Totenbestattung durch Verbrennen auf offenem Scheiterhaufen. Anschließend unterzog er sich der Arbeit im Nürnberger Krematorium und auf dem Friedhof.

Die Auseinandersetzung mit Wahnsinn, Tod und Totenverbrennung brachte eine Folge von eindrucksvollen Werkgruppen hervor, die Bayreuther Figurenzeichnungen, die gerissenen Kalkutta-Köpfe, die Verbrennungszeichnungen, in denen sich die Erfahrung der indischen Totenverbrennung unter freiem Himmel niederschlug, die schwarzen Verbrennungen als Reaktion auf das Krematoriumserlebnis in Deutschland und die braunen Verbrennungen und Adamah-Bilder als Verbindung von beidem. Das Verbrennungsthema in der Malerei führte den Künstler weiter zur Arbeit mit dem brennenden Feuer in der Schmiede, und es entstanden verbrannte Eisenskulpturen wie die *Lebensspur* (*Zwölferreihe*), 1984, oder die *Köpfe*, 1984-85. Daraus wiederum entwickelte sich eine allgemeinere Form der Körperskulptur, Hüllen in immer einfacherer Form, die in ihrem letzten Stadium nur noch auf sehr allgemeine Weise an den im Feuer aufs Elementarste reduzierten menschlichen Torso erinnern, aus dem sie ursprünglich hervorgegangen sind.

An dieser Stelle ereignete sich der zweite Bruch – man könnte es jetzt auch einen Schnitt nennen – und der Künstler begann wieder zu zeichnen. Diesmal allerdings nicht mit schwarzer Kohle oder Asche, sondern mit der lockeren und farbigen Pastellkreide. Die Arbeit kreiste um bestimmte Themen, Vulkane einerseits und Sonnenfinsternis andererseits. Immer ging es dabei um die runde Form, seien es die voreinander sich schiebenden Himmelskörper oder das große schwarze Loch des Vulkankraters von oben her gesehen. Werner Knaupp unternahm in den letzten Jahren immer wieder Reisen in entlegene Teile der Welt, um Vulkane zu sehen. Er ließ sich mit Flugzeug oder Helikopter über die aufregendsten Vulkane der Welt in Neuseeland oder Hawaii fliegen, um sich immer wieder dieses überaus imposante und elementare Bild der vulkanischen Landschaft vor Augen zu führen.

Der tiefe Umbruch der siebziger Jahre hatte zwei Aspekte. Er war eine Befreiung aus einer Form – den hochstilisierten Kugelschreiberlandschaften – die mehr und mehr zum Selbstzweck und immer einengender geworden war und die sich jeglicher neuen Erkenntnis in den Weg zu stellen drohte. Er verschaffte dem Künstler eine neue Freiheit in einer neuen, offeneren Form. Er brachte aber auch den Durchbruch zu einer noch weitergehenden, intensiveren und sehr viel elementareren Existenzerfahrung. Werner Knaupp äußerte sich damals so, seine Kugelschreiberbilder muteten ihn wie Schutzschilde an, die er zwischen sich und das Leben gezeichnet habe. Das bezog sich nicht nur auf die Form, sondern auf die existentielle Verankerung seiner Kunst. Durch den neuen Ansatz durchbrach er diese Schutzschilde und kam damit dem Leben näher, aber auch mehr zu sich selbst. Künstlerisch, stilistisch war damit die Entwicklung einer neuen Form verbunden.

Das weist in die Richtung, in der man die Erklärung zu suchen hat. Die Brüche, die wir in Werner Knaupps Entwicklung beobachten, sind aus Schritten der Selbstvergewisserung entstanden und zwar einer künstlerisch stilistischen und einer existentiellen Selbstvergewisserung im Wechsel und im

Zusammenspiel. Das Zusammenwirken der beiden Ebenen ist das Entscheidende. Es ist keineswegs selbstverständlich. Wir könnten genügend Beispiele nennen, daß Künstler sehr wohl nach neuen Formen suchen – was auch mit sogenannten Stilbrüchen verbunden sein darf – ohne daß sich dabei die Intensität, der existentielle Zugriff ihrer Kunst verändert. Die Glaubwürdigkeit und die Überzeugungskraft von Werner Knaupps Kunst mußten in dieser Selbstvergewisserung immer neu untermauert werden.

Werner Knaupp ist ein Künstler von außerordentlichem dekorativem Talent. Diese Aussage ist folgendermaßen zu verstehen: Er hat die Gabe, für alles sehr schnell eine sehr klare und kraftvolle Form zu finden. Darauf basierte sein schneller früher Erfolg mit den Kugelschreiberlandschaften. Für jedes Motiv entwickelte er in diesen Bildern eine ausgefeilte, stark vereinfachte Flächenform, und die verschiedenen Ausführungen der Motive, zum Beispiel *Lofoten*, *Vulkane*, *Wolken* oder *Windhosen*, wurden zu Variationen dieser jeweiligen Form. Mit der Kugelschreibertechnik, die einen planvollen Bildentwurf erforderte und mit langwieriger Ausführungsarbeit verbunden war, hatte er sich ein Verfahren entwickelt, das eben diese Tendenz noch förderte. Sein ständiges Überprüfen der Form an der tatsächlichen Landschaft und die immer neue Suche nach frischen Natureindrücken sorgten dafür, daß sich die Form nicht verselbständigte, daß sie im konkreten Naturerlebnis verankert blieb und das auch nachvollziehbar machen konnte. Gleiches läßt sich an den verschiedenen Bilderfolgen zum Thema von Krankheit, Tod und Verbrennung beobachten. Für jedes Thema entwickelte sich unter Knaupps zeichnender Hand ein gültiges Bild, streng flächenhaft komponiert und ikonenhaft einfach aufgebaut, seien das die Bayreuth-Zeichnungen, die Kalkutta-Köpfe oder die schwarzen und braunen Verbrennungen. Daß er, erstmals bei den schwarzen und braunen Verbrennungen, größere Gruppen gleicher Blätter zu Wänden zusammenfügte – eine Übung, die er seitdem zur Überprüfung seiner Arbeit immer wieder einsetzt - bestätigt nur, wie sehr er sich selbst mit dieser dekorativen Qualität seiner Bilder ständig auseinandersetzt. In der Ansammlung vieler gleicher Motive in unterschiedlicher Ausführung verändert sich die Erscheinung des einzelnen. Die Wand verstärkt noch den flächenhaft dekorativen Zusammenhang, und das Einzelbild gibt sich deutlicher als Variation eines Themas zu erkennen. Das Zeichenhafte und Allgemeine tritt gegenüber dem konkreten Einzelnen in den Vordergrund.

Diese Qualität beschränkt sich nicht auf die flächigen Werke, sondern zeigt sich mit gleicher Deutlichkeit in Knaupps Skulpturen. Selbst die ‚formlosesten' Gebilde wie die verbrannten Stahlkörper, die als Reste von Torsen oder Köpfen auftraten, wurden durch Anhäufung und Aufreihung oder die Zuordnung zu einem streng geometrisch geformten Schacht wieder in eine Form gefügt. Das Grundmotiv des Torso entwickelte sich zu einer immer strengeren, immer stärker vereinfachten Form, bis es zuletzt als eine große Bogenform den architektonischen Raum durchschnitt (*Die Hülle* im Kunstforum München 1987).

Die Entwicklung der Jahre 1977 bis 1987 hat in den Zeichnungen, Bildern und Skulpturen zum Thema Krankheit, Tod und Verbrennung die Auseinandersetzung zwischen streng kontrollierter Form und radikaler Öffnung in mehreren Etappen immer neu und immer sehr hart ausgetragen. In gewisser Weise blieb die Form immer siegreich, aber sie gewann jeweils an Gehalt. Demgegenüber stellt sich der Schritt zur neusten Werkgruppe, den farbigen Pastellen überwiegend landschaftlicher Thematik, weniger kontrovers dar. Der Maler Knaupp suchte den Weg zur Farbe, und der mit existentiellen Grunderfahrungen sich auseinandersetzende Künstler Knaupp konnte sich nicht der Gefahr aussetzen, zum ‚Fachmann' für das Todesthema zu werden. Dieses hätte sich nach zehn Jahren ebenso verfestigen können wie die hochstilisierten Kugelschreiberlandschaften Mitte der siebziger Jahre. Einen Aufbruch und Vorstoß ins Neue bedeutet das Arbeiten mit Farbe, das malerische Zeichnen mit Pastell, aus dem vielleicht irgendwann einmal ein weiterer Schritt zum gemalten Bild hervorgehen kann. Ein Anknüpfen an Früheres hingegen bedeutet die erneute Hinwendung zum Landschaftsthema. Wieder konzentriert sich das Interesse des Künstlers auf bestimmte Formationen von besonders elementarer Kraft, vor allem auf Vulkane, und wieder unternimmt er weite Reisen in entlegene Teile der Welt, um diese elementare Kraft selbst zu erleben.

So gehört zu den Schritten der existentiellen und künstlerischen Selbstvergewisserung, die das Errungene immer wieder in Frage stellen, um Neues entstehen zu lassen, das Element der Kontinuität, das sich allerdings erst im Laufe einer längeren Entwicklung zu erkennen gibt. Ein Arbeiten im Sinne des engen Stildenkens, wie wir es zu Beginn beschrieben haben, hätte es gar nicht zur Entfaltung kommen lassen: Sieht man einmal vom Wechsel der Thematik ab, der immer sehr viel Aufmerksamkeit auf sich zieht, so läßt sich in der bildnerischen Entwicklung bei Werner Knaupp eine kontinuierliche Steigerung und Intensivierung verfolgen. Jede Werkphase hat neue Qualitäten hervortreten lassen, die in die nächstfolgenden eingehen. Die neuen Pastelle bauen auf dem auf, was in den Kugelschreiberbildern als flächenhafte Formvereinfachung begann, was sich in den Bayreuth-Zeichnungen als unmittelbare Ausdrucksqualität der zeichnerischen Handschrift dagegenstellte und was sich in den schwarzen und braunen Verbrennungen und Adamah-Bildern an dichter malerischer Oberfläche entwickelte. In ihrer intensiv verdichteten Farbigkeit und ihrer geradezu monumentalen Flächenhaftigkeit sind sie ein Konzentrat alles Bisherigen, das ihnen vorausging.[1]

---

[1] *Werner Knaupp. Bilder 1977–1982*, Nationalgalerie Berlin, Staatliche Museen Preußischer Kulturbesitz, Kunsthalle Bremen, Overbeck-Gesellschaft Lübeck, Germanisches Nationalmuseum in Zusammenarbeit mit dem Institut für moderne Kunst Nürnberg, 1983. Vgl. dort den Katalogbeitrag von Lucius Grisebach: „Werner Knaupp – Bilder 1977 bis 1982", S. 7–17.

# DIE LÄNDEREIEN DES WERNER KNAUPP

Heinz Neidel

Der Kugelschreiber hat als Volksgriffel längst seinen Stellenwert; aber er wird auch in die Kunstgeschichte eingehen. Für den Maler Werner Knaupp wurde das unscheinbare Gerät zum unentbehrlichen Handwerkszeug. Wer tagtäglich seine Mitteilungen mit dem Kugelschreiber dem Papier anvertraut, verschwendet kaum noch einen Gedanken auf den Vorgang: Eine winzige Kugel befördert die in einer Mine enthaltene Spezialpaste durch rollende Bewegung auf die jeweilige Unterlage. Die gleichmäßige Linienführung drängt unsere von der Persönlichkeit geprägte Handschrift in die Anonymität zurück. Einerseits werden zwar Schriftnuancen eingeebnet – eine Tatsache, aus der Graphologen rasch folgerten, jene Bleistiftkonkurrenz verderbe die Handschrift – andererseits lassen sich damit jedoch spezifische Strukturmuster entwickeln.

Knaupp nutzt die Fähigkeiten des Kugelschreibers für seine Bilder optimal; er hat in ihm ein eindeutig malerisches Mittel erkannt. Aus dem Handgelenk unbemerkt gesteuert, läßt er die Kugel über das Papier und seit einiger Zeit fast ausschließlich über die auf Hartfaserplatten aufkaschierte Leinwand laufen. Eine delikate Mischung aus kalligrafischem Duktus und rhythmisch kreiselnden oder schraffierenden Bewegungen hinterläßt subtile Gebilde – vom zarten, weitmaschigen Gespinst bis zum undurchdringlichen Gitterwerk. Was beinahe spielerisch aussieht, fordert dem Akteur zweierlei ab: Er muß jene sich allzugern verselbständigende Bewegungsintensität, die den Grad des Ineinanderlaufens und Überschneidens der Mini-Kurven bewirkt, steuern, und er muß stets aufs Neue die Diskrepanz zwischen dünner Kugelschreiber-Linie und weiter Bild-Fläche überwinden.

In den Modulationen scheinen Aktionen noch zu vibrieren und Räume neue Dimensionen zu suchen; ein Prinzip kehrt dabei immer wieder: die Verdichtung der Schlaufen- und Strichgespinste bis zur Dunkelheit – Materie entsteht; die langsame Aufhellung dunkler Partien, Geflecht wird zu hauchfeinen Schwaden – Licht gewinnt Felder. Hieraus entwickeln sich sämtliche Bildfiguren.

Diesen Dialog gab es allerdings längst bevor der Kugelschreiber das Atelier eroberte. Er löste Pinsel und Farbe, vor allem aber die Zeichenfeder ab. Das geschah 1967 durch einen Zufall in den Lofoten. Schuld war eine unerquickliche Regenzeit: die Nässe verdarb Knaupp, der mit Aquarell-Utensilien ausgezogen war, alle Blätter. In diesem doppelten Tief fand er in der Jackentasche einen Kugelschreiber. Schon die ersten skizzenhaften Zeichnungen offenbarten ihm die Vorzüge dieses Schreibgerätes; der Maler freundete sich rasch mit ihm an. Später erzählt er das Erlebnis fast beiläufig: Der Kugelschreiber ist sein Übersetzungsmedium geworden, nicht mehr, aber auch nicht weniger.

Kugelschreiberspuren lassen sich nicht radieren. Knaupp muß also die Architektur seiner ‚Landschaften' genau kennen, ehe sie auf der Leinwand Gestalt gewinnen. Ihr harmonisches Wachsen bedingt, daß innere und äußere Wachsamkeit stets kongruent sind, daß die Konzentration nie nachläßt. Eine Einsicht, die den Schlüssel zum Menschen Knaupp liefert. Sicher, Akkuratesse kann man lernen, und die dreijährige Lehrzeit als Positiv-Retuscheur war ein vorzügliches Präzisionstraining. Aber die enorme Disziplin im Werk hat wohl tiefere Wurzeln. Man findet sie im Gesprächspartner Knaupp wieder, in seinen Gedanken, in seinen Sätzen, die sie erläutern. Zögernd, zurückhaltend kommt der erste Kontakt zustande. Sarkastische, ja abweisende Bemerkungen werden eingestreut. Worte als Selbstschutz. Knaupp ist sensibel und leicht verletzbar, aber er belohnt Ehrlichkeit mit sympathischer Unmittelbarkeit; er kann hören und auf Menschen eingehen. Er ist offen geblieben inmitten einer Welt, die sich selbst verschlüsselt und sich mit Klischees aller Art schmückt.

Der Individualist Knaupp lebt vom unmittelbaren Kontakt mit der Natur, zur urigen Landschaft. Zwanzig Autobahnkilometer von Nürnberg entfernt liegt sein schlicht-funktionales Atelierhaus am Hang einer Juraerhebung; ein Dutzend Häuser zählt das Dorf Ernhofen. Das ist kein vom akuten Trend gesteuerter Rückzug in die Idylle. Der Franke sucht auch hier das ‚Nur-sie-Auszeichnende' der Umgebung; er liebt den weiten, ungemein reichen Horizont, registriert immer neue Einzelheiten und erlebt im Spiel der Tages- und Jahreszeiten Merkmale, Fetzen ‚seiner' Landschaften.

Frühzeitig meldet sich Abenteuerlust; die Suche nach dem Heilen in der Welt begann; Reisen wurde Knaupps Passion. Nach vielfältigen Erfahrungen dämmerte in ihm auf, daß die absolute Harmonie nirgendwo mehr zu finden sein wird. Die Bewältigung dieser Erkenntnis bestimmte sein Werk. Im Winter 1964/65 zog er in die Sahara; lebte wie die Nomaden und mit ihnen, setzte sich den Widrigkeiten und Erscheinungen der Natur aus. „Auf der Suche nach Gott landete ich in der Wüste. Um darin nicht umzukommen, fing ich an zu zeichnen", formulierte Werner Knaupp 1968 in einem Selbstzeugnis. Das lapidare Bekenntnis hat zweifellos Gleichnischarakter; weiter gedacht besagt es: Knaupp erkannte in der Natur die Schöpfung. Gibt es noch Relikte vom Anfang? – die Frage beschäftigt ihn. Er entdeckt sie schließlich in den jungfräulichen, noch nicht malträtierten Zonen des Globus.

Exemplarische Regionen, Schaltstellen im Erdgefüge, zogen ihn in ihren Bann. Elementares, das sich ihm darbot, hat er in sich aufgesogen. Die fundamentalen Eindrücke zwangen den Künstler zur radikalen Bestandsaufnahme. (Vielleicht ziehen seine Werke manchen deswegen so un-heimlich an, weil spürbar geblieben ist, daß ihr Autor darin ein Stück Existenzangst überwindet.) Seither schöpft Knaupp aus diesen kosmischen Situationen, er hat sie im Erdkugelmaßstab kennengelernt, ihre Urzustände erahnt und daraus seinen Mikrokosmos in Bildern gebaut.

Der Atlas Knauppscher Ländereien beginnt mit der Sahara. Ihre eingeborenen Form-Metamorphosen wirken auf ihn wie ein Ferment. Der Bogen vom Strich-Horizont bis zu den welligen Buckeln wandernder Sanddünen birgt eine ungeheure Spannung. Sie manifestiert sich in der hitzestarren Ruhe ebenso, wie in der Turbulenz tückischer, alles einebnender Sandstürme. Vor dieser nachhaltig im Gedächtnis eingegrabenen Kulisse hat Knaupp Abstraktion eingeübt; er fand fließende, weiche Zeichen, aber auch unerbittlich gerade, trostlose Linien-Male. Die *Sahara*-Bilder gleichen Chiffren für nie auszulotende Unendlichkeit.

Was sich hier gelegentlich in der Spiegelung fast zu entmaterialisieren scheint, gerinnt bei den Lofoten zur Masse. Die Reise nach Lappland und in jenes ferne, unberührte Gebirge 1967 wird zum Gegen-Erlebnis. Schroffe Vertikalformen bestimmen das Bild. Die Blöcke bauen sich wie gestanzt auf – nur geheimnisvoll schimmernd. Aneinandergeschmiegte oder gegeneinanderstoßende Keilformen, die manchmal diagonale Verstrebungen aufweisen, differenzieren die Felsbarrieren. Spalten schieben sich. Wollen ihre spitzen weißen Winkel Hoffnung in rauhen, unabänderlichen

Gegebenheiten signalisieren? Die *Lofoten*-Bilder erscheinen wie Kürzel für die vom Alltag mit Verstellung zementierte Wirklichkeit.

Die versteinerte Dramatik der Lofoten wird in den Vulkanen wieder virulent. Das Erlebnis eines Ätnaausbruches auf Sizilien 1968 bringt unverhofft die Konfrontation mit einer Wiege der Kräfte. Spontan entstehen erste Zeichnungen. Ihre quellenden Rundformen, oft langgequetschten Kugeln vergleichbar, markieren das eruptive Element. Wulstig verstrickte Lavaströme und Vulkan-Rümpfe, die mit Rauchfahnen verblasen sind, künden als sichtbare Überbleibsel von verborgenen Vorgängen im Schmelztiegel der Gewalten. Man möchte mit den Fingern prüfen, wie hart diese Kruste tatsächlich ist. Knaupp treibt die Reduktion bis an die Grenze: Im Rauchpilz, der manchmal aus Gestein gemeißelt sein könnte oder den ein eisiger Widerschein aufzureißen scheint, zeigt sich nur der Schlußpunkt eines übermächtigen Prozesses. Nicht zuletzt deswegen spiegeln die *Vulkan*-Bilder den ewigen Kreislauf der Erneuerung.

Damit meldet sich bereits die vierte Gruppe in der Knauppschen Schwarz-Weiß-Periode an. Sie ist komplex. Etwa ab 1970 fransen die starren Formen zunehmend aus. Organisches schiebt sich unübersehbar in den Vordergrund. Landschaften schrumpfen zu ‚Wolken'- in Schicht-Formationen sich gegenseitig anziehend und abstoßend oder zu drohenden Gewitterwänden verdunkelt. Alle Vergänglichkeit solcher Himmelsgebilde bleibt nur angedeutet. –

Die Begegnung mit der spektakulären New Yorker Szene im Jahr 1970 provozierte die *Regen*-Bilder. Äußerst diffizile, monochrome Strukturen machen Aufbau und Wirkung eines natürlichen Vorhangs auf die menschliche Physis deutlich. – Auf einer *Windhose* betitelten Lithographie, die ebenfalls dieser Gruppe zuzurechnen ist, wirbelt über einen dünnen Horizontstreifen das faszinierende Naturereignis: eingefangen scheint genau jener Augenblick zu sein, ehe die immensen Energien frei werden. – Bei den *Du-Bildern* begegnet man dagegen amorphen, in sich ruhenden Gebilden; die sonst homogen strukturierten Modulationen weisen nunmehr kleine schwarze Flecken und schmale Schlünde auf; sie tragen die Chromosomen für die sinnliche Periode in sich.

Diese schematisierte Darstellung zeigt linear den Aufbau der Knauppschen Ikonografie. Der Künstler verwendet ihre Teile freilich antizyklisch. Etliche frühzeitig fixierte Motive kehren später wieder. So taucht etwa die *Große Wolke* mit tentakelartigen Armen bereits 1966 auf und kündigt damit einen späteren Zyklus an. Und das Horizontphänomen aus der Sahara führt 1969 noch einmal zu einer umfangreichen Reihe von *Horizont*-Bildern. Jenes intuitive Pendeln verleiht seinem bisherigen Oeuvre eine überraschende Dynamik. Die Dialektik von suggestiver Stille und äußerster Anspannung machen den schwer in Worte zu fassenden Reiz aus. Knaupp ist weder ein Programmierer seiner eigenen Arbeit noch ein Experimentator. Den jeweils nächsten Schritt geht er eher zögernd, und wenn er endlich getan wird, dann ist ihm eine Spanne des Unbehaustseins und Umbruchs vorausgegangen. Wie Bäume Jahresringe ansetzen, so wächst dieses Werk weiter. Es entsteht eine fruchtbare Wechselbeziehung: „Der Mensch... wird in seiner Arbeit und durch sie immer wieder umgebildet. Er steht immer wieder vorn an Grenzen, die keine mehr sind, indem er sie wahrnimmt, er überschreitet sie..." (Ernst Bloch)

Knaupps Zeichnungen, Bilder und Lithographien bestechen zunächst durch formale Brillanz, eine unterkühlte Ästhetik und die unverwechselbare ‚Handschrift'. Das ist viel, aber doch lediglich der Prospekt. Knaupp illustriert nichts. Er hat konsequent über Jahre eine eigenständige Bildsprache für entscheidende Vorgänge in der Natur, für das Walten ihrer Kräfte, entwickelt. Die äußeren Formen fungieren nur als Auslöser für den Aufbau ‚innerer' Landschaften. In den heroischen Abseits-Bezirken der unterschiedlichsten Erdteile hat er Felder seines Ichs (wieder) entdeckt. Es kommt daher nicht von ungefähr, wenn einige Motive Fetischcharakter gewinnen. Was Meyer-Amden als Ziel der Malerei apostrophierte, hat Knaupp verwirklicht: die auf die Außenwelt antwortende ‚innere Bewegung' im Menschen sichtbar zu machen.

Hier liegt das Tor zur zweiten Wirklichkeit der Knaupp-Bilder. Sie sind weniger kontemplative Studien als poetische Diagramme menschlicher Situationen – aufgezeichnet von einem hochsensiblen Seismographen. Innenwände werden sichtbar, bisher unbekannte Lamellen kommen ans Licht. Der Künstler gewährt Einblick in den ‚Fahrtenschreiber' seines Bewußtseins und liefert damit dem Betrachter Folien zur Meditation. Das trifft in besonderem Maße auf die Bilder etwa aus den Jahren nach 1965 zu, die vielerlei Erfahrungen bündeln. Beinahe jedes seiner wesentlichen Bildkürzel hat zugleich eine innere Komponente. Ein Beispiel: Die monotonen Wellenbewegungen einer Sahara-Reflexion dokumentieren auch extreme Einsamkeit, die dort schmerzhaft erfahrbar wird, für den Künstler zu einer Art Lebenselexier geworden ist und den Daseins-Rhythmus jedes einzelnen mit steuert.

Derart ambivalent-subtile Gebilde mit dem Hauch des Magischen vertragen keine lauten Töne. Knaupp konnte auf die Palette verzichten. Auch deswegen, weil er die Fähigkeiten von Weiß und Schwarz als Farben eingehend erkundet hat. In ihrem Gegenüber sind für ihn alle Kontraste, die im Farbkreis liegen, enthalten. Der Künstler manifestiert nur mit Weiß elementare Lichtausbrüche, das ‚kalte Feuer' und endlos leere Schächte gleichermaßen. Aus dem neutralen Weiß des Untergrunds tauchen rätselhaft-plastische Räume empor. Chromatische Erfahrungen dieser Tragfähigkeit haben die Strukturen, ihre Dichte und ihr Schnitt initiiert; Knaupp verdankt sie aber ebenso der besonderen Farbigkeit jener schwarzen Kugelschreiberpaste. Der gezielten Sparsamkeit in der Ikonografie entspricht Askese in der Farbe. „Einsamkeit ist eine monochrome Erfahrung." (Gisela Brackert)

Knaupp ist ein ‚Landschafter'. Die Landschaftsmalerei kann sich einer profunden Tradition rühmen, und sie spielte im Werdegang insbesondere der deutschen Kunst eine gewichtige Rolle. In den ersten eineinhalb Jahrzehnten nach dem Zweiten Weltkrieg allerdings wurde sie reichlich stiefmütterlich behandelt. Die Welt des schönen Scheins als gemalte Lüge war (einstweilen?) nicht mehr zu realisieren. Frische Impulse erhielt der Bereich erst wieder, seit die Bürger umweltbewußter geworden sind. Die Landschaft wurde fern idealer Erhabenheit zum Tatort. Luft- und Wasserverschmutzung, Zersiedelung ganzer Landstriche, Autofriedhöfe, Müllhalden, eine Technisierung ohne Ende, also Faktoren, die unseren Überlebensnerv treffen, haben vor allem die Künstler der jüngeren Generation aufgeschreckt. Etliche reagieren spontan und vehement mit bildnerischen Stellungnahmen. Sie tragen ihre kritischen Aussagen und Denkanstöße entweder plakativ, kaum ästhetisiert in Bildern, Plastiken und Zeichnungen oder aggresiv in Aktionen vor.

Zu den ausdauerndsten, konsequentesten Vertretern jener Stillen, die mit ihren Bildern Kommunikation von Ratio, Vision und Emotion proben, zählt Werner Knaupp. In seinen sehr privaten Landschaftsversionen mit der eingravierten Doppelgesichtigkeit bietet er dem Betrachter ganz persönliche Konsequenzen an. Die Resultate aus der Bewältigung eigener Sehnsüchte und Alpträume werden in klarer, einsichtiger, stimulierender Übersetzung weitergegeben. Der blinden und ständig eskalierenden Anpassung an manipulierte Landschaften wird durch den Rückbezug auf Ur-Quellen ein Bein gestellt. Knaupp wirkt damit, bewußt oder nicht, der Naturentfremdung des Menschen entgegen. Er weiß jedenfalls, daß das komplexe Ambiente, in dem unsere Industriegesellschaft haust, nicht der ausschließliche Lebensraum sein kann. Deshalb leitet er einen Lernprozeß ein, der vielleicht die bei vielen verschüttete Fähigkeit simultanen Sehens wieder freiräumen kann.

„Man muß den Menschen wieder in Kontakt mit dem Absoluten bringen, oder mit der vielfältigen Wirklichkeit", empfiehlt Eugen Ionesco. Indem Knaupp Zustandsbilder der Genesis aus den Fernen der Jahrhunderte ins Heute transportiert, lädt er die Gegenwart mit unverbrauchten Kräften auf. „Durch solche Aktualisierung ist der Mensch, obwohl seine Spur nirgends sichtbar ist, einbezogen – als Betrachter, Empfindender, Fragender, der die Relationen zwischen Mensch und Kosmos zu erhellen sucht". (Eva Maria Demisch)

Knaupp nimmt dabei den verborgensten Teil im Menschen, das Verletzbare, ins Visier. Diese Tendenz hat beständig zugenommen. Verstärkt kommt sie jetzt in seinen jüngsten Arbeiten zum Ausdruck, die auf die Schwarz-Weiß-Periode folgen. Nach einer erlebnisträchtigen Antarktis-Tour im Januar 1972, der wiederum Auslösefunktion zukommt, begann der Aufbruch aus der Einsamkeit. In schlüssiger Fortsetzung seiner Bahn erreicht er die nächste Station. Kreatürliches, Sinnliches trägt die Revolution in das vertraute Bildvokabular. Nach den unberührten Landschaften werden gegenwärtig die manipulierten in die Untersuchung einbezogen. Knaupp will menschenintensiver werden.

*Vulkan*-Bilder tragen nunmehr das Stigma des Leidens. In den prallen Rundungen klaffen ungestüm Wunden auf: als langgezogene Risse oder als sich kreuzende Hiebe, in deren Zentrum es zu brodeln scheint. Manches wache Auge wird plötzlich ein zur Hälfte weggeschossenes Gesicht assoziieren oder entstellte Backenpartien verifizieren. Menschenfraß. Andere Bilder schwitzen Flecken; der Ausschlag ist da. Erschreckende Nachrichten, die unsere Pupillen aufnehmen, beschäftigen die Gedankenzentrale. Die Erinnerung an kranke Haut stellt sich sofort ein. Da sitzt in einer Bildmitte ein Röntgenschatten. Wer kennt die Inkubationszeit des Unheils? Die Chiffren für Angst und Brutalität wirken wie ein Serum; Abwehrkräfte werden mobilisiert. Das morbide Innenleben, unsere terra incognita, ist schärfer denn je freigelegt; was wir dabei erkennen, zieht in den Strudel der Auseinandersetzung.

Mit derart dramatischen Ausbrüchen sind auch weitere Farben ins Bild geflossen: ein Blutrot, das nie zu trocknen scheint, das perverse Rosa der Auflösung, der Verwesung, die grünlich-gelbe Blässe, Summe aus Hinfälligkeit und Verschimmelung, nisten in den nach wie vor fein gewobenen Strukturen, die sich manchmal in den Raum bäumen, mitunter schleifend pulsieren, immer aber noch Leben atmen.

Für Knaupps neue Phase zeichnen sich die Ufer nur langsam ab. Dem Künstler brachte sie ein Stück weiterer Freiheit. Den Betrachter überfällt sie mit Menschen- Landschaften. Sie sind stark psychologisch aufgeladen und spielen eigenartige Zwischenträger auf einem langen Marsch zu einer neuen Sensibilität.

Nürnberg, September 1973, neu durchgesehen im März 1993

# WERNER KNAUPP UND DAS FEUER

Peter Anselm Riedl

Daß Feuer der Anfang und das Ende allen Daseins sei, klingt nach mythischer Weltdeutung, deckt sich aber mit den Erkenntnissen moderner Kosmologie. Die unvorstellbare Hitze des Urknalls leitete die Expansion des Universums ein, in heißen Verschmelzungsreaktionen und gewaltigen Supernovaexplosionen bildeten sich die chemischen Elemente. Die Strahlung solarer Kernfusionen ließ und läßt irdisches Leben entstehen, in der Glut der zum Roten Riesen geblähten Sonne wird unser Planet sein Ende finden. Menschliche Existenz ereignet sich unter den Bedingungen einer zeitlich und räumlich eng begrenzten Wirtlichkeit. Herrschaft über das Feuer machte Kultur möglich, Bedrohung durch das Feuer stellt sie ständig in Frage. Die Prometheussage legt diesen Dualismus eindrucksvoll aus: Vom unbotmäßigen Titanen den Göttern entwendet, wird das Feuer für den Menschen zur segensreichen Gabe; aber die Tat wird von Zeus grausam geahndet: Prometheus wird an den kaukasischen Felsen geschmiedet, wo ihn der Adler des Göttervaters heimsucht; den Menschen wird die Unheilsbringerin Pandora gesandt. Den Segnungen des Feuers folgen die Zeichen des Untergangs.

Diese Vorbemerkungen wären rhetorischer Zierat, ginge es bei Werner Knaupp nicht um Grundlegendes und Bedeutendes. Feuer ist für den Künstler ein zentraler Erfahrungs- und Denkinhalt, nicht nur ein Thema in herkömmlichem Sinn. Ob als physikalischer Prozeß beschworen, in Gestalt seiner Folgen gegenwärtig oder als Mittel der Werkherstellung erkennbar – immer zeugt Feuer von einer an die Fundamente rührenden Veränderungskraft. Vor allem der Nexus von Feuer und Tod erweist sich als Angelpunkt der bildnerischen Phantasie. Dort, wo das Feuer zum Widersacher des Lebens wird, sieht sich Knaupp zur Formulierung des eigentlich nicht mehr Formulierbaren herausgefordert.

Die frühen Federzeichnungen der *Sahara*-Serie von 1965 handeln zwar nicht vom Feuer, aber von sengender Hitze und ausgeglühtem Boden. Die lebensfeindliche Weite der Wüste spricht aus den höchstens mittelgroßen Blättern mit einer Intensität, wie sie nur äußerste formale Verdichtung freizusetzen vermag. Strikte Konzentration kennzeichnet auch die Kugelschreiberzeichnungen der *Lofoten*-Serie von 1967, nur daß nach oben drängende Formen jetzt zumeist das Bild beherrschen. Wo das Strichgewebe offener wird, mildern Helligkeitszonen das blockige Dunkel der Felsen. Zuweilen entsteht der Eindruck, als werde eine feste Masse nicht durch auftreffendes Licht modelliert, sondern geheimnisvoll von innen her erhellt.

Die Sizilienreise im Jahre 1967 brachte die erste Begegnung mit einem Vulkan. Der Ätna mit seinem kahlen Gipfel, seinen Lavaströmen und seiner Rauchkrone wurde von Knaupp als das Inbild des Elementaren erlebt – ein Inbild, das er in vielen Kugelschreiberzeichnungen der Folgezeit auf Papier oder Leinwand zu bannen versuchte. Agens des Berges wie der Bilder ist das Feuer: Es erleuchtet die Krater, setzt die Lava in Bewegung, verändert die Geometrie des Bergkegels, erzeugt die Dampf- und Aschewolken. Diese Erscheinungen sind in Formen umgesetzt, welche das Prozessuale an energetische Ballungen zurückbinden; es ist gleichsam dasselbe, vom Feuer generierte Plasma, das die unterschiedlichen Materialien und Figurationen aus sich entläßt. Auf der Kugelschreiberzeichnung *Vulkan 17/68* (Kat.-Nr. 16) füllen der obere Abschnitt des Kegels und ein gewaltiges Rauchpolster, dessen dunkelste Partien undurchdringlicher sind als der Hang, das Blatt bis an die Ränder. Der räumliche Sachverhalt wird durch Wechsel in der Dichte des Strichgewebes derart vermittelt, daß einerseits die Mächtigkeit der Volumina zur Geltung gebracht, andererseits der Flächenbezug betont wird. Das Feuer, das im Inneren des Kraters den finsteren Auswurf bewirkt, ist nur zu ahnen. Am ehesten teilt es sich als leichte Aufhellung an der Wölbung der Rauchkuppe hinter einer Querfurche mit.

Gleißend bricht das Feuer auf *Vulkan 37/68* (Kat.-Nr. 20) durch die Kuppel des vulkanischen Auswurfs. Eine schräge Spalte im asymmetrischen Dunkelfeld wird zum Ursprung einer Helligkeit, die das Weiß des Grundes zu überbieten scheint. Dieser Gedanke ist auf *Vulkan 57/68* (Kat.-Nr. 24), einer Kugelschreiberzeichnung auf Leinwand, durch stärkere Symmetrisierung gestrafft und monumentalisiert: Allein die Art, wie sich das Strichgespinst von unten und von den Flanken her lockert, sichert der annähernd hochovalen, unbedeckten Fläche im Zentrum die Anmutung einer riesigen Glutquelle. Die Materialität der dunklen Bereiche ist nur indirekt zu erschließen; daß unten der Kraterrand und darüber Asche, Staub und Dampf gemeint sind, ergibt sich aus dem Zusammenhang. Für die Wirkung ist das dramatische Gegen- und Ineinander von Helligkeit und Dunkelheit entscheidend. Das Feuer, im Bilde eigentlich als das nicht Beschreibbare anwesend, erweist sich als Energiespender des Geschehens und demonstriert zugleich seine verzehrende Macht.

Es gibt unter den frühen Vulkanbildern auch Darstellungen, die das Geschehen erzählerischer fassen: Blicke in den Vulkanschlot oder auf kriechende Lavazungen, Ansichten mit rhythmisch gruppierten Rauchwolken oder Fontänen aus Feuer und Schlacke. Betont asymmetrisch angelegt ist beispielsweise die Kugelschreiberzeichnung *Vulkan 31/68* (Kat.-Nr. 19), die in ausladendem Querformat ganz links einen dreieckigen Ausschnitt des Kegelprofils zeigt und, davon ausgehend, eine dunkle Fahne, die sich nach rechts ständig verbreitert, ohne dabei an Dichte zu verlieren. Allen Bildern gemeinsam ist die entschlossene Verknappung auf das Wesentliche der Form und des Inhalts. Das Schwarz gewinnt in einigen Fällen eine Dominanz, die bedenklich wäre, verstünde es Knaupp nicht, das potentiell Amorphe kompositorisch unter Kontrolle zu halten (und sei es durch fast unmerkliche Formdaten, wie Rundungen an den Ecken oder Kerbungen an den Flanken). Was stilistisch für die Variationen auf das Vulkanthema gilt, läßt sich, mutatis mutandis, auch von den Bildern der *Horizont-*, der *Wolkenbild-* und der *Du-*Serie sagen. In den frühen siebziger Jahren ist eine bewundernswerte Meisterschaft im Umgang mit dem persönlichen Idiom erreicht. Knaupp antwortet auf sie mit einer Krise, die weit mehr ist als eine Flucht aus der Gewohnheit.

Was er sich an Anregungen bisher in der Wirklichkeit von Wüsten, Vulkanen und Felseninseln geholt hat, sucht er nun in der noch härteren Realität von Heilanstalten, Sterbehäusern und Krematorien; der Zeit des stumm-leidenschaftlichen Sicheinlassens auf die übermächtigen Formen der Natur folgt eine Aporie der Verzweiflung, die freilich bald ihre eigenen Chiffren erfindet. Für die zwischen 1976 und 1979 geschaffenen Darstellungen wird Feuer auf doppelte Weise wichtig: einmal als Element, dem sich das bevorzugte Zeichenmaterial Kohle verdankt, zum anderen als Medium der Formgewinnung durch Materialzerstörung. Die Köpfe und die leidensgequälten Gestalten, die unter dem Eindruck der Erlebnisse als Hilfspfleger im Nervenkrankenhaus Bayreuth entstanden – sie wurden später zum Teil in den Zyklus *Kreuzweg I* (Kat.-Nr. 73) integriert –, erhalten durch das Schwarz den Charakter des dem Leben Entrückten. Auf einigen Blättern erinnert die dunkle, eruptiv wirkende Masse an vulkanische Formationen. Zu den dargestellten Versehrungen kommen Verwundungen, die den Bildern in tautologischen Akten der Destruktionsbeschwörung durch Zerstechen, Zerreißen und Versengen beigebracht sind. In Köpfe finden sich Löcher eingebrannt, die Schußverletzungen evozieren oder den Platz von Augenhöhlen einnehmen. Der in der Haltung an einen Kruzifixus gemahnende Torso einer der Kreuzwegstationen (*NKH Bayreuth 9.3.78*) hat an der Stelle des Halsansatzes ein mit schwarzem Papier hinterlegtes Brandloch.

Feuer als eine Art negativen Formstifters einzusetzen, ist seit den fünfziger Jahren geläufig; es genügt, Namen wie Yves Klein, Alberto Burri oder Johannes Schreiter zu nennen. Knaupp nutzt die Ausdrucksmöglichkeiten des Verfahrens, indem er der figurativen Semantik die Bedeutung der Brandzeichen zuordnet. Die Sprachkraft dieser Zeichen ist außerordentlich, verbindet der Betrachter mit ihnen doch Verwundungsgefahren, wie sie jeder Kreatur drohen. Daß Knaupp die Balance zwischen dem expressiv Entfesselten und dem ästhetisch Stimmigen zu wahren weiß, beweist seinen – sich gerade in Grenzsituationen immer wieder bestätigenden – Rang.

Die *Kalkutta-Köpfe* von 1979, Reflexe der Arbeit als Helfer im Sterbehaus der Mutter Teresa, schließen formal und im Ausdruck an die Köpfe der Bayreuther Zeit an; statt Kohle ist zumeist schwarze Gouachefarbe eingesetzt, an der Versehrung (die mitunter zur Zerstörung wird, weil vom Bild nur Fetzen übrigbleiben) hat das Feuer keinen Anteil. Aber in Indien erlebt Knaupp sehr unmittelbar das Feuer als eine Macht, die den leiblichen Tod besiegt, indem sie den menschlichen Körper in Asche und Rauch verwandelt. In heimischen Krematorien, wo der Künstler zum ergriffenen Beobachter von Einäscherungen wird, vollzieht sich der Vorgang, ganz anders als in Indien, abseits der Öffentlichkeit.

Zwei Folgen von Verbrennungsdarstellungen dokumentieren Knaupps Augenzeugenschaft: auf Grauwerte und Schwarz gestimmte Bilder, welche die Krematoriumseindrücke widerspiegeln, und braungrundige Kompositionen, die durch die indischen Leichenverbrennungen im Freien angeregt sind. Nahsicht und ausschnitthafte Wiedergabe lassen einem die Gegenstände auf eine die Realsituation sichtlich übersteigende Weise auf den Leib rücken. Die unruhige, durch reliefhaften Auftrag von Farben und Zeichenkohle gewonnene Oberfläche suggeriert haptische Gegenwärtigkeit. Doch dem wirkt entgegen, daß sich bei Unterschreitung einer bestimmten Betrachtungsdistanz der Bildzusammenhang in ein expressives Informel auflöst und daß die extrem zurückgenommene Farbigkeit einen hohen Abstraktionsgrad sichert. Die schwarzen Bilder zeigen jeweils einen Leichnam in verschiedenen Stadien der Auflösung. Von unten her ragen die drei Schamottepfosten der Krematoriumskammer auf; ihrer Geometrie antwortet die Deformation des – erst lagernden, dann herabgleitenden und endlich ganz von der Glut verzehrten – Körpers, über dem sich die Schwärze des Rauches staut. Der Mensch ist als namenlose Restform anwesend, als Erinnerung an Leben zwischen der toten Materialität des Pfeilers und dem Dunkel des Umfelds. Noch im Vergehen widersetzt sich das Relikt – wenn auch nur im Gleichnis des Bildes – der Zumutung völliger Gestaltlosigkeit.

Auf den braunen Bildern ist der Tote nicht den Mechanismen eines zivilisatorischen Beseitigungssystems ausgesetzt. Er ist vielmehr auf den natürlichen Boden gebettet – einen Boden, der, selber ausgebrannt und krustig, den schwelenden Kadaver bereitwillig empfängt. Horizontlos dehnt sich die Erdfläche vom unteren bis zum oberen Bildrand; allein die schwarz-graue Masse des verbrannten Körpers zeigt durch ihre Lage Räumlichkeit an. Volumenhaftes kommt angesichts der Tatsache, daß der Tote weitgehend verkohlt ist und daß ihn Rauchschwaden oder Hitzedunst überfangen, nur zaghaft zur Geltung. Aber immer noch gibt sich das Zerstörte als Rest menschlicher Gestalt zu erkennen.

Die Vereinigung von jeweils zwölf Bildern der schwarzen und der braunen Serie zur *Schwarzen Wand* (1980-81) (Kat.-Nr. 85), *Braunen Wand* (1981-82) (Kat.Nr. 82) und *Adamah*-Wand ließ bezwingende Gruppen entstehen: Ikonostasen des Todes, die zugleich Ikonostasen des Feuers sind. – Die *Adamah*-Darstellungen von 1982 schließen thematisch und formal an die braunen Bilder an, übersetzen deren ereignishafte Elemente aber ins Zuständliche. Die Verbrennung ist vollzogen, der tote Leib ist zerfallen, ist buchstäblich in den Grund eingebrannt. Seine dunkle Spur verweist nur noch näherungsweise auf menschliche Formen, um so mehr auf Verwandtschaft mit dem hitzeimprägnierten Boden. Die Vereinigung von Asche und Erde ist, dem Sinn des hebräischen adamah gemäß, der eigentliche Inhalt der Werke. Gesteigert sind die Dimensionen und der technische Aufwand; zu den Malmaterialien gehören, wie bei den Bildern der schwarzen, der braunen und der *Adamah*-Wand, die Feuerprodukte Kohle und Asche. Das Ikonographische materialisiert sich gewissermaßen in den benutzten Substanzen; oder, anders gesagt, das Material symbolisiert in gleichem Zuge das, was es verbildlicht.

Die, wie durch Hitze und Rauch gesintert wirkenden, *Adamah*-Darstellungen bringen Tod und Feuer in einen Zusammenhang von letzter Schlüssigkeit. Ohne Informationsverlust und ohne Preisgabe der figurativen Grundauffassung sind sie formal nicht weiter zu reduzieren. Es war nur konsequent – wenn auch, wie nicht zum ersten Mal bei Knaupp, in hohem Maße überraschend –, daß dieser Grenzerkundung eine tiefgehende Neuorientierung folgte. Aufgegeben wurde keineswegs das Leitthema, gewechselt wurde vielmehr das bildnerische Medium – mit dem Resultat, daß ganz neue Mitteilungsmöglichkeiten in den Blick traten.

Der Schritt von der zweidimensionalen Darstellung (die in den *Verbrennungen* und *Adamah*-Bildern allerdings mit Reliefmomenten angereichert erscheint) zum dreidimensionalen Gebilde war um so einschneidender, als er ein Schritt vom verhältnismäßig gefügigen Material zu einem Stoff war, der sich nur mit Anstrengung und unter Gefahren bearbeiten läßt, nämlich Eisen. Dieses Metall ist chemisch und physikalisch merkwürdig: Als für die weitere Energiegewinnung wertloses Produkt steht es am Ende der Fusionskette, die im heißen Plasma der Sterne mit dem Proton-Proton-Zyklus beginnt. Kosmisch also eine Art Schlacke, ist es für den Menschen unentbehrlich; es ist in kaltem Zustand mechanisch widerstandsfähig, bei zunehmender Erhitzung aber auf verschiedene Weise verformbar. Ob es um seine Vergangenheit im Universum, seine Ausschmelzung aus dem Erz, seine Zurichtung zum Rohling oder seine endgültige Formung geht – in der Vorstellung verbindet sich mit dem Eisen stets das Feuer. Vulcanus, der römische Feuergott, ist, seit ihn der Mythos mit dem griechischen Hephaistos gleichgesetzt hat, nicht nur der Gott aller Handwerker, die mit dem Feuer umzugehen wissen, sondern zugleich der kunstreiche Schmied.

Die Werkstatt des Schmiedemeisters Hans Hahn in Winkelhaid ist der Ort, an dem seit 1982 Knaupps Eisenplastiken entstanden. Die Arbeiten der ersten Phase sind vom Furor der Erkenntnis geprägt, daß das bis an den Rand seiner Belastbarkeit beanspruchte Metall erstaunliche Ausdrucksqualitäten enthüllt. Technische Rohre und Gasflaschen sind in glühendem Zustand mit dem Schmiedehammer traktiert und in der Esse bei Temperaturen von 1400° bis 1500° zum Brennen gebracht. Zwei Intensitätsgrade der Stoffbeeinflussung sind mithin zu unterscheiden: einer, der Verformung, und ein anderer, der Vernichtung bedeutet. Die stereometrisch-regelhafte Ausgangsform ist in jedem Falle beschädigt, wenn nicht getilgt. Manchmal bleibt ein zerklüftet schalenhafter Zusammenhang erhalten, mitunter ist das Metall bis auf Reste vom Feuer aufgezehrt. Wenn man sich gleichwohl an menschliche Leiber erinnert fühlt, dann hat das eher mit den Versehrungs- als mit den Gestalteigenschaften zu tun. Gewiß sorgt die Kalottenform der Gasflaschenenden für morphologische Nähe zum Schädeldach, doch über die Wirkung entscheidet der allgemeine Eindruck einer Manifestation des Untergangs. Im Kern ist es also beim Thema der vorangegangenen Bildserien geblieben, nur daß jetzt alles raumfordernd und tastbar gegenwärtig ist. Knaupps Absicht, »Energieumwandlung mit Feuer und Eisen sichtbar zu machen«, ist unter schonungslosem Einsatz der eigenen physischen und psychischen Kräfte verwirklicht. Man spürt hinter der Schwerarbeit in der Hitze der Schmiedewerkstatt den existentiellen Druck – so als könne durch den ambivalenten Akt von Zerstörung und Formschaffung das Schreckliche des Todes überwunden werden. Knaupp tat es zwar nicht dem Schweizer André Bucher gleich, der seit den mittleren siebziger Jahren unter großen körperlichen Risiken den Lavastrom des Ätna und anderer Vulkane als Materialspender und Schmelzofen nutzt, aber die Last des Todesthemas wiegt das Sichbescheiden mit der heimatlichen Schmiede auf.

Dem Paroxysmus der ersten Phase folgte ein Prozeß der Beruhigung und Straffung. Aus dem, was zunächst als bergender Mantel für die geschundenen Eisenleiber gedacht war, entwickelten sich jene unheimlichen Figuren, die an Riesenkokons, mumienhaft verknappte Menschenleiber oder magische Werkzeuge denken lassen. Wirklich gerecht wird ihrem Wesen, in dem sich konstruktive Züge mit phantastischen verschränken, allerdings keine dieser Benennungen. Die Macht des Feuers ist bei den Hüllen nicht mehr an Verzunderungen und wundenartigen Einbrüchen abzulesen, sondern oft nur noch an den unverschlichteten Schweißnähten und der Anlaufverfärbung – zumindest, was die Beschaffenheit der Oberflächen angeht, denn für die Biegungen und Stauchungen, Knickungen und Zäsuren der Wandungen sind selbstverständlich Eingriffe verantwortlich, die ohne Hitzebeteiligung undenkbar sind.

Die letzten Eisenarbeiten stammen aus dem Jahr 1987. Im Gefühl, die Möglichkeiten des Materials und der Technik ausgereizt zu haben, und körperlich völlig verausgabt, suchte Knaupp einen neuen Anfang. Was seit 1988 entstand, hat freilich seine Wurzeln im älteren Oeuvre. Da sind die Rückkehr zur Fläche und die Besinnung auf früher behandelte Bildthemen, und da ist das Bekenntnis zu einer Formdisziplin, wie man sie von den Kugelschreiberbildern kennt, wie sie aber auch die späteren Eisenplastiken (die damit eine Art Brücke bilden) charakterisiert. Neu sind die Maltechnik, die Weise der Motivauslegung und die Entscheidung für eine – bis dahin stets gemiedene – chromatische Fülle. Ausgerechnet die in Hinblick auf Konsistenz und optischen Ertrag als weich geltende Pastellkreide wird zum Mittel der Erzeugung von Bildwirkungen, die alles andere als elegant und verbindlich sind. Unter den ersten Blättern sind Darstellungen der Berglandschaft um Walchen- und Kochelsee, die insgesamt dunkel gestimmt sind. Dann aber Arbeiten, in denen das

Feuer unter neuen Aspekten und mit neuer Intensität thematisiert ist. Zum ersten Mal wird kosmisches Feuer zum Bildgegenstand, nämlich in packenden Sonnenfinsternis-Visionen. Mit dem Trockenmalereiverfahren des Pastells lassen sich sowohl tiefdunkle Gründe als auch leuchtende Farbakzente und Farbflächen herstellen. Auf den Sonnen- und Mondbildern, welche die Naturphänomene sehr frei interpretieren, herrschen eine elementare Spannung zwischen den (meist zu Ovalen verzogenen) Scheiben oder Segmenten der Himmelskörper und ein nicht minder ausgeprägter Antagonismus der Farbwerte. Aktives Gelb steht etwa gegen das braungesättigte Schwarz des Himmels, das gleichsam einen Teil der Sonnenhitze in sich aufgenommen hat. Auf anderen Blättern ist von der Sonne nur eine dünne Sichel am unteren Rand der Mondsilhouette übrig; grau hinterfängt der Himmel das erregende kosmische Geschehen. Von der Begegnung zweier Sonnenscheiben, die zu einer mandorlaförmigen Überschneidungsfigur in der Bildmitte führt, berichtet ein Pastell vom 2.4.92 (Kat.-Nr. 149); wieder umgibt tonloses Grau die Gestirne – als Farbe, welche zwischen absolutem Dunkel und absoluter Helligkeit angesiedelt ist und zu jedem der beiden Extreme tendiert.

Nichts bewegt Knaupps bildnerische Phantasie in den letzten Jahren so sehr wie das Thema des Vulkans. In immer neuen Versuchen nähert er sich ihm an, immer wieder lädt er die Erinnerung mit Realitätserfahrung auf, so auf Reisen nach Neuseeland und Hawaii. Eine große Gruppe der Vulkanbilder stellt den Krater ins Zentrum: als fast kreisrundes tiefschwarzes Loch, als schräg gesehenen Trichter mit gefurchten Wänden, als Öffnung, der allseitig glühende Lava entströmt, oder als rauchender Abgrund inmitten eines fahlen Aschekegels. Oft glaubt man sich einem zyklopischen Auge gegenüber, das aus der Tiefe der Erde blickt. Der Hinweis auf einige Blätter mag die Eigenart der Arbeiten und die Breite des Variationsspektrums andeuten.

Das Pastell *Vulkan 21.4.89* (Kat.-Nr. 123) bettet einen von schräg oben gesehenen orangeroten Konus mit einem schwarzen Krater in eine nicht näher artikulierte rötlichgelbtonige Umgebung; Feuer wird zwar nicht gezeigt, ist aber in der schwelenden Atmosphäre zu spüren. Versöhnlicher ist die Farbigkeit des Blattes *Vulkan 11.1.90* (Kat.-Nr. 127), denn der leicht ascheblasende Konus ist von Zwickeln hellen Grüns, leuchtenden Blaus und lichten Gelbs gerahmt, Farben, die Knaupp, wie er versichert, in der unmittelbaren Umgebung pazifischer Vulkane angetroffen hat.

Eine andere Ansicht bietet das Blatt *Vulkan 4.3.92* (Kat.-Nr. 143). Es gehört zu einer jüngeren Serie von Pastellen, die mit dem Format von 80 x 120 cm eine eher von Leinwandbildern gewohnte Größe erreichen. Machtvoll ragt der in aufgelichtetem Caput mortuum gehaltene Konus vor tiefblauem Himmel auf; der rauchende Krater ist als schwarzes Oval dem oberen Bildrand nahe. Die Wucht der Formen, das Widerspiel von Flächigkeit und Raumhaltigkeit und das ebenso entschiedene wie eigensinnige Kolorit sichern der Komposition eine außerordentliche Ausdruckskraft. Wiederum ist Feuer nicht direkt verbildlicht, aber darum nicht weniger als Ursache der kahlen Berggestalt und des Rauchausstosses präsent. Vergleichbar lapidar aufgebaut ist das Pastell *Vulkan 8.3.92* (Kat.-Nr. 145). Den linken Teil der Fläche besetzt das tiefblaue, von einem schmalen grünen Basisstreifen getragene Dreieck des Vulkans, oben zieht eine zinnoberrote, dem Krater entweichende Glutfahne bis zum rechten Bildrand hin; der Himmel ist leuchtend gelb. Das Ganze ist zu abstrakt, um topographisch-erzählerischen Momenten Raum zu lassen, doch realitätsnah genug, um Augenzeugenschaft zu beglaubigen. Der Berg, durch die Blaufärbung in eine unbestimmte Ferne gerückt, wird vom gelben Grund (der sich leichter mit dem Rot verbrüdert) auf irritierende Weise aufgefangen.

Die Farbentrias Rot, Orange und Gelb beherrscht das Pastell *Vulkan 10. 8.92* (Kat.-Nr. 166). Zu sehen ist der Ausschnitt eines Vulkanhangs mit einem Flankenschlot, der nach rechts eine Glutwolke ausstößt und vor dem gelben Himmel einen Magmaregen niedergehen läßt. Die Heftigkeit des Vorgangs wird von der Komposition zugleich gefördert und gezügelt: Die Hanglinie gliedert die Fläche annähernd diagonal, das orangerote Bergdreieck und das kleinere gelbe Himmelsdreieck stiften eine Grundgeometrie, deren sich die amorphe Feueremission nur bedingt zu bemächtigen vermag; chromatisch kommt es zu einer Art Balance zwischen den aktivsten Werten der Farbskala. Die Eruption ist sozusagen bis zur Bildwürdigkeit gebändigt, ohne daß damit ihre elementare Wildheit gebrochen wäre – womit der Sonderfall jene gestalterische Hauptfähigkeit Knaupps bestätigen würde, von der schon mehrfach die Rede war. Die Vehemenz des Kolorits dürfte im übrigen nicht nur mit den Vulkanwanderungen des Künstlers zusammenhängen, sondern auch mit dem Erlebnis des dem Körper so nahen Feuers der Schmiedeesse in den frühen und mittleren achtziger Jahren.

Mehrere großdimensionierte Pastelle der jüngsten Zeit zeigen Vulkane auf eine vorher in kleinerem Format erprobte Weise verbildlicht. Die vogelperspektivische Schrägsicht in den Krater erscheint jetzt mit dynamisch-graphischen Energien angereichert, wie auf dem weißgrundigen Blatt *Vulkan 10.7.92* (Kat.-Nr. 156); man mag das schwarze Kurvenspiel um den Kraterschlund als Lavaäderung einer schneebedeckten Vulkankuppe auffassen, kann es aber auch einfach als graphische Abbreviatur lesen – wobei die pastelltypischen malerischen Kantenunschärfen und Verwischungen nicht zu übersehen sind. Eine andere Kompositionsvariante bietet *Vulkan 11.7.92* (Kat.-Nr. 157): Der Grund ist gelb, über dem riesigen schwarzen Oval der Krateröffnung steht eine Feuerwolke, die der Bestimmtheit der geologischen Struktur mit aggressiver Offenheit antwortet.

Blickt man über die Eisenfiguren und die Verbrennungsbilder zurück bis zu den Vulkandarstellungen der Kugelschreiberphase, so kann man sagen, daß Knaupp immer zur Wandlung bereit war, ohne sich untreu zu werden, und daß er stetig an Freiheit gewonnen hat, ohne an Intensität zu verlieren. Wer Feuer und Tod zu Leitthemen macht, unterwirft sich Ausnahmebedingungen: Er hat bildnerisch zu sublimieren, was von Natur aus übermächtig ist; das heißt, er hat eben diese Paradoxie bildnerisch so umzusetzen, daß seine subjektive Ergriffenheit und Betroffenheit für den Betrachter nachvollziehbar werden. Knaupp ist hinter dem an sich selbst gestellten Extremanspruch nie zurückgeblieben. Das macht ihn, meine ich, zu einem der wichtigen Künstler in unserer, Grenzphänomene und Grenzsituationen so gerne tabuierenden Zeit.

# WERNER KNAUPPS ERFAHRUNGEN AN DEN GRENZEN DES SEINS

Franz Joseph van der Grinten

Werner Knaupps künstlerische Lebensarbeit baut sich in ihrer Gesamtheit sowohl seriell wie zyklisch auf. Will sagen: einerseits ist das einzelne Werk, obzwar, wie es sich gehört, als Summe jeweils in sich komplex, ein Ergebnis aus einer Reihe einander ähnlicher, die ein Langzeitimpuls in stetig neuem Angehen der selbstgestellten Aufgabe hat entstehen lassen, andererseits kehren die Wege dieser Werkgruppen, mögen sie den Künstler bei den Grenzgängen, zu denen es ihn treibt, auch noch so weit sich entfernen lassen, doch in die ihm eigene Umlaufbahn zurück und öffnen sich immer wieder in aller inzwischen gewonnenen Veränderung für das Pulsieren aus dem Anderwerk der Ursprünge und des schon durch ihn Gelebten. Saat und Ernte jeweils neu in der Wiederkehr der Jahreszeiten, ein organisches Wachsen im periodischen Weitertragen der Impulse.

Aus früher Disziplinierung dessen kundig, was Schönheit ist, verstößt er auch in seinen rüdesten Ausbrüchen nicht gegen sie. Selbst die zerrissenen Köpfe der siebziger Jahre sind von einer instinktsicheren Ästhetik getragen, Zerstörung ein Weiterbau, und wo die Darstellung die Grenzen des Erträglichen zu überschreiten scheint wie bei den Totenverbrennungen, wiegt Faszination das Erschrecken auf. Nicht die Fasziniertheit des Voyeurs nun freilich, sondern die dessen, der in dem, was er sich lieber ferngehalten sähe, sich selbst begegnet. Das Bedrückende ist zugleich erhaben, das Abstoßende anziehend, aber so muß es wohl sein, wenn Schicksal beschworen wird. Werner Knaupps Kunst ist so engagiert wie selbstbezogen, es sind seine Kämpfe und Verwicklungen, die zu Bildern werden, und was als von außen wahrnehmbare Situation oder Widerfahrnis sich dem Betrachter bietet, ist Spur seiner inneren Umgetriebenheiten. Keine schöne Welt, keine heile, aber eine eindrücklich bannende. Eine Welt sensibler Schroffheit und empfindlicher Härte, wie er selbst höchst verletzlich, ist aber ebenso sehr fähig, zu verletzen, von starkem Selbstgefühl und hohem Anspruch, auch an sich selbst. Eine gegensätzliche Welt aus Widerständigkeit und Harmonie, Drang und Distanz, ein Ganzes.

Existentielle Erfahrungen, das Extreme als Prüfstein. Leere Landschaft zunächst, in der der Mensch, der sie betreten hat, ganz auf sich gestellt ist, im einen Strang des Werks, im anderen dann der Mensch, lebend oder tot an die Grenzen seines Seins gelangt, von allem isoliert. Aber auch die Einsamkeit der Landschaft selbst, hier ist sie eine körperliche. Nicht atmosphärisch, sondern leibhaft hat sie Knaupp erfaßt, wo er sie suchte, zuerst in der Sahara, dann auf den Lofoten, am Ätna, in der Antarktis und in Feuerland. Das Wasser, den Sand, den Fels, den Rauch, den Regen. Horizont und Wolke. Die Erscheinungen verfestigt, ausschnitthaft nah gerückt vor dem Hintergrund des leeren Flächenraums; die Erde derart ein Stück Leib und der Leib denn auch, wenn er in denselben Blick geriet, ein Stück der Erde. Zuständlichkeiten, kein Geschehnis, Stille zeitlos, und selbst das schwebend sich Aufwölkende dunkel und schwer in der feinen, schwellenden Dichte der Strichlagen; ein Schweigen, das lastet. Das Schweigen, das nicht nur Pascal in Furcht versetzte.

Reisen an die Peripherie, Reisen ins Zentrum, letztlich sind sie ein und derselbe Weg. Er führte Knaupp später in die Begegnung mit den Kranken des Nervenkrankenhauses Bayreuth, die er betreute, und in die mit den Toten eines Sterbehauses in Kalkutta, die er zu ihrer Verbrennung begleitet hat. Er führte ihn ins heimatliche Krematorium, in fränkische Grüfte und römische Katakomben. Krankheit und Tod, die Verstrickung und die Auflösung aller Gebundenheiten. Die angestammte Harmonie vermochte die Erschütterungen nicht übertragbar zu machen. Dramatik jetzt statt der Stille. Ausbruch, Ungleichgewicht, Verfinsterung, das Gestische, der Akt des Tuns selbst. Das Medium der Verstofflichung wurde jetzt die Kohle. Der anhin so geduldig temperierte Strich der feinen Stifte, nun fährt er aus, wird jäh, wie schmerzgetrieben, schlägt zu und bricht und stäubt und wischt über die Ränder hinweg; um die Körper herum scheint selbst das Flächenfeld zu vibrieren, wie die Spuren des Tuns auf ihm sichtbar wurden und blieben. In der Verstricktheit der Kranken auch der Raum ein Teil der Qual. Die Bilder sind wie die Befreiung von Obsessionen. Zeichnend tat der Pfleger die Krankengeschichten von sich ab. Die großen schwarzen Gesichter, nur noch von Augen und Zähnen artikuliert, zerriß er schließlich, um durch solch äußere Versehrtheit die innere erlebbar werden zu lassen. Es ist nicht von ungefähr, wenn er aus diesen Krankenbildern später zwei Kreuzwegzyklen zusammenstellte. Ecce homo: dem, was Gottes Sohn stellvertretend litt, entsprechen hier die Leiden der Menschen, die, wenn sie denn einen Sinn haben sollen, übers Menschliche hinausverweisen.

Bei den Totenbildern, denen der Leichenverbrennung auf den Scheiterhaufen in Kalkutta und im Nürnberger Krematorium, ist der ganze Bildraum dunkel, rauchgeschwärzt gewissermaßen, und die Stofflichkeit der Kohle hat sich um schwarzen Farbbrei und Asche verdichtet, die sich behauptenden Körperreste gewinnen im Sprühen und Stäuben um sie her eine plastische Konsistenz, die die Versehrung durch den Angriff des Feuers geradezu tastbar erleben läßt. Eine finstere und schauerliche Dramatik, so etwas wie ein letzter Kampf, kaum ruhiger in den *Adamah*-Bildern, in denen der Körper, sich selbst auflösend, in die Erde versinkt, der er entstammte, Körper und Erde und ihre Materialität bis in die körnig-erdige Färbung hin. Die geschmiedeten Eisenfiguren sind ein konsequenter Schritt daraus hervor. Schädel und Rümpfe zunächst in ihrer Zerstörtheit, Karner und Leichenkammern gewissermaßen, Grabungsfunde, stumme Zeugen, mit den Spuren von Glut und Schmelzung, mit Naht und Bruch, Löchern und Höhlungen.

Aber von hier her, von der äußersten Präsenz von Vergänglichkeit und Einzelschicksal aus, wendet sich der Weg zurück ins Allgemeine, in die Geometrie, die allem Gewachsenen gesetzhaft innewohnt. Die Leiber werden zu Rohren, mit Nähten addierend zusammengefügt, mit Schwellung, Verengung und Spalten, sie entfernen sich vom Gliederhaften ins Allgemeine, sie verzichten schließlich auf die Hälfte der Leibung und liegen auf ihren offenen Kanten so auf, daß sie wie aus der Erde sich hervorwölbend erscheinen. Hügelsilhouetten gar, wie sie sich zur Reihe fügen: der Ring schließt sich zu den frühen *Sahara*-Bildern zurück. Nicht nur die leibliche Haut, auch die Erdoberfläche ist ja eine Körperhülle.

Die neuen Pastelle schließlich knüpfen sich sogar thematisch zurück. Die Stofflichkeit freilich hat sich gewandelt von der sorgfältigen Strichelung mit schwarzem Kugelschreiber auf Leinwand zum spontanen Strich der farbigen Kreiden auf Papier. Statt der langsam geschichteten Dichte der Strichlagen nun die energische Flächenverdunklung in Schraffen und Verreibungen. Zweimal der Vulkan, zweimal jeweils in einer Serie von Bildern. Ein Werkweg, ein Stück künstlerischer Biographie über die fünfundzwanzig Jahre hin, die die beiden Folgen trennen und verbinden. Aber dieser Weg bezeugt nicht nur den Wandel in der Wahl der Arbeitsmittel, sondern auch den im Ausdruck. Was ehedem sich aufbaute aus Fels, Lava und Rauch in majestätisch ruhender Distanz, zeigt jetzt seine Wunde nah, die Fiebrigkeit, die eigene Erschütterung, das Drama. Lebenskräfte, wenn auch chthonische. In Leben, Tod und Leben vollzieht sich das zeitlose Atmen der Welt, und der Künstler verspürt es.

# DURCHGANG DURCH NULL

Eberhard Roters

Nur wenige der fränkischen Künstler von Rang, die ich kenne, sind tatsächlich in Franken wohnen geblieben; zu jenen wenigen gehört Werner Knaupp. Er kann sich das leisten, denn Werner Knaupp ist ein Grenzgänger. Der Vorstoß zu den äußersten Grenzen des Diesseits entspricht in seinem Leben und seiner Arbeit nicht nur, wie bei vielen anderen Künstlern, lediglich einer fiktiv und metaphorisch erfüllten Realität, sondern der tatsächlichen Wirklichkeit einer vom Künstler im Bewußtsein aller damit verbundenen Risiken herbeigeführten, physisch erlebten und erlittenen existentiellen Erfahrung. Das provozierte und bis ins letzte ausgekostete Erlebnis der Grenzen unserer irdischen Existenz findet in der künstlerischen Tätigkeit Werner Knaupps seine präzise Spiegelung; denn er treibt die Körperhaftigkeit der Darstellungsmotive bis zur Grenze aller bildhaften Form, und er moduliert ihre Leibhaftigkeit aus dem Grenzwert der Farbigkeit, nämlich aus Schwarz. Ich sage absichtlich Schwarz und nicht Schwarzweiß, denn Schwarz ist in den Blättern Knaupps die aktive Farbe in der Korrespondenz der einander bedingenden Gestaltbildungskontraste, Weiß die passive.

Dies gilt grundsätzlich für Werner Knaupps bisheriges Werk, für die Landschaften ebenso wie für die seit 1974 entstandenen Leiber und Köpfe.

Die Landschaften, eine Reihe von mehreren hundert Zeichnungen, sind im Laufe der Jahre 1965 bis 1972 entstanden. Sie kennzeichnen die erste in sich abgeschlossene Werkperiode in Knaupps Schaffen. Die Werkzeuge, deren sich Knaupp dafür bediente, waren die Zeichenfeder und seit 1967 der schwarze Kugelschreiber. Heinz Neidel berichtet im Vorwort zum Werkverzeichnis der Bilder und Zeichnungen bis 1971 darüber: „Das geschah 1967 durch einen Zufall in den Lofoten. Schuld war eine unerquickliche Regenzeit; die Nässe verdarb Knaupp, der mit Aquarell-Utensilien ausgezogen war, alle Blätter. In diesem doppelten Tief fand er in der Jackentasche einen Kugelschreiber. Schon die ersten skizzenhaften Zeichnungen offenbarten ihm die Vorzüge dieses Schreibgeräts; der Maler freundete sich rasch mit ihm an."[1]

Der Fundort des Kugelschreibers ist für Knaupp charakteristisch, seine Jackentasche in den Lofoten. Die Lofoten, das ist eine felsige und baumlose Inselkette vor der Küste Nordnorwegens, für den Künstler gleichbedeutend mit der Erfüllung einer möglichen Vorstellung von Ultima Thule. In seinen Landschaften hat Knaupp immer nach dem Ende der Welt gesucht – seine schwarzen Horizonte sind Kimmlinien der äußeren Unendlichkeit. Die Suche Werner Knaupps nach den letzten Horizonten am Ende der Welt erinnert an die Abenteuer des Arthur Gordon Pym, der in Edgar Allan Poes Roman schließlich über den Südpol hinaus ins Unbekannte segelt: „Die ganze aschige Materie fiel nun fortwährend und in wüsten Mengen um uns her. Die Dampfwand im Süden hatte sich ungeheuerlich am Horizont aufgerichtet und begonnen, mehr Bestimmtheit der Form anzunehmen. Ich kann sie mit nichts vergleichen, als mit einem grenzenlosen Katarakt, der lautlos von einer riesigen und weit entfernten Rampe im Himmel in die See herabrollt. Der gigantische Vorhang reichte über die gesamte Ausdehnung des südlichen Horizontes. Ihm entstrahlte kein Laut."[2]

Das klingt genau wie die Beschreibung eines der Landschaftsblätter von Werner Knaupp. Seine risikoreichen und gefahrvollen Reisen in die Randgebiete unserer Erde führten ihn unter anderem in den Jahren 1964/65 in die marokkanische Sahara, 1966 auf die Lofoten, 1967 auf den Ätna, 1972 in die Antarktis und 1974 schließlich zu einer abenteuerlichen West-Ost-Süddurchquerung des afrikanischen Kontinents. Sie brachten ihn darüber hinaus zur Erkenntnis, daß auf der Suche nach dem Unendlichen in der Ausgedehntheit des irdischen Raumes auch der allerletzte Horizont ein Gesichtskreis bleibt – ein Himmelsrand, der sich gleich einem Riegel vor die Augen legt, um ihnen den endgültigen Blick in die Ewigkeit zu versperren. Damit fand die Serie der Landschaften im Werk des Künstlers ein Ende. „Auf der Suche nach Gott landete ich in der Wüste. Um darin nicht umzukommen, fing ich an zu zeichnen", schrieb Knaupp 1968[3]. Der Gleichniswert dieses Bekenntnisses weist darauf hin, wonach Knaupp eigentlich sucht.

Die mehrdimensionale Bezogenheit der Sinneswahrnehmungen, in der unser Bewußtsein verkörpert erscheint, ist nach zwei Richtungen auf die Unendlichkeit hin gepolt, nach außen und nach innen. Die Richtung nach außen führt zur Ausdehnung des Raumes ins Grenzenlose, sie führt zu einer Aufhebung aller Dimensionen, die in der Mathematik durch die Lemniskade bezeichnet wird = $\infty$. Die Richtung nach Innen führt nach 0. Auch die Null ist ein Unendlichkeitszeichen. Sie kennzeichnet einen mathematischen Punkt, einen Ort, der jenseits unseres Vorstellungsvermögens liegt. Die Null als Zeichen für das unendlich Kleine befindet sich in Opposition zur Lemniskade, dem Zeichen für das unendlich Große. Das sind indes Orientierungsmargen, deren scheinbar offensichtlicher Gegensatz durch unsere Sinnesbefangenheit in der Wahrnehmung von räumlichen Dimensionen bestimmt ist.

Die Null ist das exemplarische Zeichen für den Durchgang durch die Pforte des Todes. Knaupp, der Grenzgänger, wandte sich, seinem menschlichen und künstlerischen Gewissen folgend, auf seinem weiteren Weg in die Richtung auf Null zu. „Um darin nicht umzukommen, fing ich an zu zeichnen." Daß einer auf den Tod zugeht, um sich damit künstlerisch auseinanderzusetzen, ist keineswegs eine Art Koketterie mit dem Morbiden, sondern es ist das Zeichen dafür, daß er es mit der Kunst wirklich ernst meint. Die Beschäftigung mit dem Tod unterliegt in unserer Gesellschaft nach wie vor einem Tabu (das war in vorhergehenden Jahrhunderten nicht so); genauer gesagt: wir drücken uns darum herum, der Notwendigkeit des Todes ins Gesicht zu sehen, wir mogeln uns darüber hinweg und werden dabei von den Medien und der Werbung unterstützt. Nicht zufälligerweise stehen heute die Neubauten der Versicherungsanstalten neben den alten Bauten der Kirchen. Der Betrieb hat sich von den Kirchen in die Versicherungsanstalten verlegt.

Neulich sah ich in einer Zeitung eine Bildanzeige. Ein Mann lag im Bett neben seiner Frau und streichelte ihr zart über den Kopf. Dazu sagte er: „Du brauchst keine Angst zu haben, wir sind versichert." Darin zeigt sich das ganze Ausmaß der Perversion. Das offene Daraufzugehen auf die Auseinandersetzung mit der Unbedingtheit des individuellen Sterbenmüssens jedes einzelnen von uns ist eine Handlung, die uns zunächst widersteht; doch sie führt, wenn sie rückhaltlos durchgeführt wird, zu einer Erschütterung von Grund auf, die der klassischen ‚Katharsis' in ihrer ursprünglichen Intensität vollkommen entspricht; sie führt zu einer Reinigung unseres Bewußtseins, die uns unser begrenztes individuelles Leben erst in der Dichte seiner Sinnlichkeit und seiner Sinnsetzung erfahrbar macht. Der Vorgang des Durchgangs unseres Bewußtseins durch die absolute Finsternis, durch Null, gleicht dem einer Geburt. Er führt zu einer Art Neugeburt des Erlebens. Das kommt in den Kohlezeichnungen und Collagen Werner Knaupps auf eine ganz unserer Zeit zugehörigen Weise zum Ausdruck.

1977 wandte sich Knaupp an Professor Felix Böcker, den Direktor des Nervenkrankenhauses Bayreuth, mit der Bitte, dort eine Zeitlang arbeiten zu dürfen, er suche Menschen in Ausnahmesituationen. Böcker berichtet darüber: „Ich war überzeugt, daß es Werner Knaupp mit seinen Absichten ernst war. Ihm standen alle Türen offen, er konnte selbst finden, was er suchte. Oft redeten wir. Werner Knaupp hat Erlebtes inzwischen umgesetzt; nicht episodisch, sondern allgemeingültig menschliches Leid sichtbar gemacht. Reales Leid. Wir glauben, daß er damit auch der Psychiatrie einen Dienst erwiesen hat."[4]

1979 fuhr Knaupp nach Kalkutta und arbeitete als Helfer auf den Kranken- und Todespflegestationen im Dienste von Mutter Teresa. Dort erfuhr er das äußerste Ausmaß des Elends und des Ringens mit dem Tode. Die Erfahrungen, die Knaupp dort gemacht hat, sind mit voller Gewalt in seine dunklen Blätter eingegangen und springen uns aus den Bildern an, ohne daß wir uns davor schützen können. Wir dürfen uns keine Sentimentalitäten vormachen. Jene Bilder bringen uns keinerlei Trost, sondern sie fordern uns dazu auf – und das ist das Entscheidende –, die Erlebnisse desjenigen, der sie in Bildzeichen aus der Überwältigung seines eigenen Existenzgefühls heraus geschrieben hat, mitzuerleben und mitzuempfinden.

Wenn Knaupp für seine Niederschriften die schwarze Holzkohle verwendet, so benutzt er ein Mittel, das selbst aus verbrannter Materie besteht. Das, was die Blätter zeigen, ist verbranntes Sein, es ist Asche, es ist Kadaver, es ist schwarzes Loch, es ist Hoffnungslosigkeit, Trauer und Verzweiflung, es ist das tiefste menschliche Elend des Geschundenseins, des Weggeworfenseins und der Vernichtung.

Anfangs sind die Leiber der Kadaver in den Kohlezeichnungen gerade noch in ihren Umrissen erkennbar, doch dann breitet sich Schwärze mehr und mehr aus. Schließlich sehen wir in den Collagen dumpfe Reste von Köpfen, Ruinen, die durch einen jähen Riß gespalten sind. Zuletzt bleibt nur noch Fragment von kaum definierbarer Gegenständlichkeit im Bildlichen zurück, – ein Riß, eine Scherbe, eine Schädeldecke – in ihrer aus der Differenzierung der Gestalt sich zurückziehenden Gewalt der lapidaren Form ähneln jene Collagen schon wieder den früheren Landschaften Knaupps, indes auf einer anderen Stufe. Der Künstler ist an die Grenze seiner inneren Horizonte gelangt, – an den Pol. Und aus der schwarzen Wüste tödlicher Verzweiflung erhebt sich nun für den, der sich in den Mitteilungen des Künstlers hineinzufühlen weiß, eine Ahnung vom großen Ernst der Menschenwürde, die sich aus dem Durchgang durch Null erhebt.

Eine großformatige Kohlezeichnung Werner Knaupps zeigt den gemarterten Leichnam des Gekreuzigten. Anstelle des Kopfes ist ein Loch. Das hat der Künstler da hineingebrannt.

„Jetzo sank eine hohe edle Gestalt mit einem unvergänglichen Schmerz aus der Höhe auf den Altar hernieder, und alle Toten riefen: ‚Christus! Ist kein Gott?' Er antwortete: ‚Es ist keiner'." So beginnt eine der bewegendsten Passagen in der Literatur der deutschen Romantik, Jean Pauls *Rede des toten Christus vor dem leeren Weltgebäude*.[5]

Der Text geht so weiter: „Christus fuhr fort: ‚Ich ging durch die Welten, ich stieg in die Sonnen und flog mit den Milchstraßen durch die Wüsten des Himmels; aber es ist kein Gott. Ich stieg herab, soweit das Sein seine Schatten wirft, und schaute in den Abgrund und rief: ‚Vater, wo bist du?' Aber ich hörte nur den ewigen Sturm, den niemand regiert, und der schimmernde Regenbogen aus Wesen stand ohne eine Sonne, die ihn schuf, über dem Abgrunde und tropfte hinunter. Und als ich aufblickte zur unermeßlichen Welt nach dem göttlichen Auge, starrte sie mich mit einer leeren bodenlosen Augenhöhle an; und die Ewigkeit lag auf dem Chaos und zernagte es und wiederkäuete sich. – Schreit fort, Mißtöne, zerschreiet die Schatten; denn er ist nicht."

Jean Paul, dem Romantiker war es noch möglich, sich vor seiner Vision in ein idyllisches Erwachen zu retten: „Und ein unermeßlicher Glockenhammer sollte die letzte Stunde der Zeit schlagen und das Weltgebäude zersplittern ... als ich erwachte. Meine Seele weinte vor Freude und das Weinen und der Glaube an ihn waren das Gebet. Und als ich aufstand, glimmte die Sonne tief hinter den vollen purpurnen Kornähren und warf friedlich den Widerschein ihres Abendrotes dem kleinen Monde zu, der ohne eine Aurora im Morgen aufstieg."

So leicht fällt uns heute das friedliche Erwachen auf dem Ruhekissen einer stillen Abendwiese nicht mehr. Unser Geist wacht schwerer auf als noch vor zweihundert Jahren. Jeder von uns ist in seinem Willen und Bewußtsein beim Begreifen des Durchgangs durch Null auf sich allein angewiesen, aus der Vernichtung seines Selbst kann er nur allein und von sich aus zur Wiedergewinnung seiner selbst finden. Das zeigen die Arbeiten Werner Knaupps. Anstelle eines „Sela" oder eines „Amen" ist zur Bestätigung dessen wohl am besten eine Formel geeignet, die auch die Infinitesimalrechnung für die grenzüberschreitende Zusammenfassung aller einzelnen Werte verwendet: $0 = \infty$.

---

[1] *Werner Knaupp. Werkverzeichnis Bilder und Zeichnungen von 1965 bis 1971*, Druckgrafik 1965 bis 1973, Einführung von Heinz Neidel, herausgegeben vom Institut für moderne Kunst Nürnberg, 1974
[2] Edgar Allan Poe: „Umständlicher Bericht des Arthur Gordon Pym von Nuntucket", in: Edgar Allan Poe, Gesamtausgabe, Olten 1966, Bd. 4, S. 395
[3] *Werner Knaupp, Werkverzeichnis*, a.a.O.
[4] *Werner Knaupp. Köpfe und Figuren*, Ausstellungskatalog Galerie Defet, Nürnberg und Kunstverein Ludwigshafen, 1978, Vorwort
[5] Jean Paul: *Siebenkäs, Erstes Blumenstück*, 1976

# MENSCHEN-LANDSCHAFTEN
## Zur Symbiose von Menschenbild und Landschaft im Werk von Werner Knaupp

Lisa Puyplat

Die erste Landschaft, die er dargestellt habe, sagt Werner Knaupp, sei zugleich sein erstes Menschenbild gewesen, und die landschaftlichen Formationen seien immer Metaphern gewesen für eigene Empfindungen. Dennoch läßt sich in der dreißigjährigen künstlerischen Arbeit von Werner Knaupp deutlich zwischen den beiden großen Themenbereichen, von denen seine Arbeit geprägt wurde, unterscheiden.

Landschaft und Menschenbild sind besetzt von einer jahrtausende- beziehungsweise jahrhundertealten Tradition, in der sie zu den zentralen Themenstellungen der bildenden Kunst gehörten. Erst in unserer Zeit mit der Abwendung vom anthropozentrischen Weltbild ist es aber der individuellen Entscheidung des Künstlers überlassen, sich mit diesen Themen auseinanderzusetzen.

Mit dem Wandel des Weltbildes, mit der Entscheidungsfreiheit der Künstler, haben sich auch die Inhalte der beiden Themenbereiche gewandelt. Es geht nicht mehr um gesellschaftlich geforderte Formen von Abbildung und Repräsentanz, sondern im weitesten Sinne um die kritische und transzendierende Hinterfragung der dargestellten Wirklichkeit, in der im Gegenbild zur nun einsetzenden massiven landschaftlichen Zerstörung auch eine neue symbiotische Verbundenheit beider Themenbereiche möglich geworden ist. Dabei wird der Mensch nicht selten zum Teil der ihn umgebenden Landschaft, wird nicht mehr zwischen Subjekt und Objekt, Außen und Innen unterschieden, sind Mensch und Landschaft integrierte Elemente der Natur. Erstmals deutlich wird dies in jenen Bildern des 19. Jahrhunderts, in denen der Mensch im Anblick der Landschaft dem Betrachter den Rücken zukehrt.

Die ersten Arbeiten, mit denen Werner Knaupp in den sechziger Jahren bekannt wurde, waren Landschaften. Die Transzendenz, die diese Landschaften in ihrer weitgehenden Abstraktion und Transparenz vermitteln, ist Reflexion des Gesehenen, aber weit mehr noch Ergebnis existentieller Auseinandersetzung. Die Bilder sind Widerschein von Reisen, die man auch Expeditionen nennen könnte. Denn Knaupp reiste nicht, um jene Schönheiten und Ursprünglichkeiten zu finden, die die Zivilisation hierzulande schon zerstört hat, sondern er reiste auf der Suche nach dem Unbekannten, nach Einsamkeit, Naturnähe und Naturgewalt, nach jener Natur, die für den Menschen „das eigentliche Horizont-Problem der Geschichte" (Ernst Bloch) darstellt.

Er reiste unter anderem in die Sahara, auf die Lofoten, den Ätna und in die Antarktis. Die Aufenthalte dauerten drei Monate bis zu einem halben Jahr. So teilte sich das Erlebnis dieser Landschaften nicht nur dem Auge mit, sondern bestimmte seine ganze Existenz, als habe er die Kälte, die Hitze, die Stille in sich hineinholen wollen.

Die meisten der damals entstandenen Arbeiten sind auf Leinwand oder Papier mit dem Kugelschreiber gezeichnet und unter der technischen Bezeichnung *Kugelschreiberbilder* zusammengefaßt. In der Tat ist die Technik hier mindestens ebenso wesentlich wie die Thematik. Daß der Kugelschreiber nicht zu einem geläufigen künstlerischen Mittel geworden ist, liegt nicht nur an der gewöhnlich unzureichenden Haltbarkeit seiner Farben, sondern auch an dem gleichmäßigen Fluß des Auftrags, der die Handschrift in ihrem unterschiedlichen Druck kaum vermitteln kann und deshalb wenig zur Darstellung von Nuancen, Schatten, Tiefen oder Plastizität taugt. Knaupp glich diese Unzulänglichkeiten aus, indem er sich eine Paste mit besonders haltbarer Farbe herstellen ließ und seine Motive mit einem schraffierenden ‚Raster‘ geradezu ‚modellierte‘. Dies wurde zu einem mühsamen, zeitaufwendigen Tun, dessen existentielle Komponente damals noch nicht wahrgenommen wurde, sich aber erschließen läßt aus seiner weiteren Arbeit. Knaupp war damals wohl der einzige bekannte Künstler, der den Kugelschreiber in dieser Intensität benutzte.

In der letzten Phase dieses Werkabschnittes, in den frühen siebziger Jahren, entstand eine Reihe von Zeichnungen und Lithographien unter dem Titel *Du*. Sie sind formal kaum unterscheidbar von den Wolken-, Vulkan- und Lava-Formationen der Landschaften, doch handelt es sich hier wohl um die Darstellung von menschlichen Körpern, eher Körperteilen, deren genauere Definition im Ungewissen bleibt.

Die Plastizität dieser Körper scheint gleichwohl realer als die der Landschaften, was daran liegen mag, daß ihre Oberflächen durch die Darstellung von Flecken und Wundmalen ‚Greifbarkeit‘ bekommen, und daß sie, in angedeutete Räume gestellt, ein Gegenüber haben. Es sind dies die ersten ‚ausgesprochenen‘ Menschen-Bilder im Werk von Werner Knaupp. Doch es fehlt diesen Körpern, die gleichsam aus den Landschaften heraus geboren worden sind, das, was sie erst eigentlich zu Menschen machen würde, der Kopf. Wenn in der Darstellung des Menschenbildes der Kopf immer dessen Zentrum gewesen ist, da sich im Antlitz Bewußtsein, Ausdruck und die Distanz zur Umgebung manifestieren, so sind diese Arbeiten Werner Knaupps dagegen aus einer offenbaren Übereinstimmung von Mensch und Natur entstanden. Nur im Moment der Verletzbarkeit, das hier erstmals und auf den Menschen bezogen erscheint, deuten sich Störungen an.

Nach den über zehn Jahre währenden Expeditionen an die Ränder der Welt markieren diese Arbeiten nun den Beginn der mindestens ebenso lange dauernden Reisen ins Innere des Menschen. Die Horizonte werden gleichsam zu Höllenkreisen, die Knaupp dabei sucht und durchschreitet, und deren Erlebnis und Reflexion zum Wesentlichen und auch zum Verbindenden der Arbeiten und ihrer beiden großen Themenbereiche werden.

Die Verletzbarkeit, in den Körperlandschaften nur angedeutet, wird in der Reihe von Köpfen, entstanden in den Jahren 1975/76, nun zum zentralen Element. Knaupps Vorgehen dabei gleicht im Angriff auf die eigene Arbeit der eines Bilderstürmers. Der gebändigten Ästhetik der Kugelschreiberbilder setzt er die rauhe und rüde Kraft der Kohle entgegen. Er zeichnet Köpfe von vorn und von der Seite, deren Gesichter in ihren Merkmalen nur angedeutet sind. Magisch-starre Augen öffnen sich zu maskenhaften Sehschlitzen, die Zähne sind nicht selten entblößt in totenschädelhaftem Grinsen. Qual drückt sich aus in diesen Köpfen, die übersät von Insekten, verstellt von Gittern, umwunden von Schlangen sind. Qual, deren Ausdruck noch verstärkt wird durch mechanische Verletzungen, die Knaupp dem Papier zufügt. Immer wieder zersticht er diese Köpfe, brennt Löcher in Papier und Zeichnung.

Das Menschenbild, das hier entsteht, bestätigt sich in den nachfolgenden Erfahrungen der mehrmonatigen Arbeit Werner Knaupps als Hilfspfleger im Nervenkrankenhaus Bayreuth 1977/78. In den letzten Jahrzehnten wurde immer wieder mit Hilfe der Kunst versucht, Brücken in die Ghettos der Nervenkrankenhäuser zu schlagen. Meist geschah dies, mit Unterstützung der Ärzte, von drinnen nach draußen, um über die Bilder Mitteilung zu machen von einem hermetischen Kosmos. Knaupp ist den seltenen, den umgekehrten Weg gegangen, ist als Gesunder in die Zonen der Ausgestoßenen gedrungen. In den großformatigen, düsteren Kohlezeichnungen, die in dieser Zeit entstehen, nähert er sich einer Welt, deren Schatten wir bisher meist nur aus den bunten bizarren Bildern der Art Brut kennen.

Knaupp zeichnet Halbkörper mit auf die Brust gesunkenen Köpfen ohne Individualität und Geschlechtlichkeit. Wesen in katatonischer Starre, in embryonaler Haltung, abgekehrt von der Außenwelt, mit verletzter Haut, knochigen Gliedern, mit dünnen krallenartigen Händen und Füßen, mit Gesichtern, deren Nasen bereits abgefallen scheinen. Körper, eingepackt wie Monaden. Menschliche Wesen, die versehrt, ausgezehrt, hinfällig zum Tode sind.

Wieder wie in der vorangegangenen Reihe von Köpfen greift Knaupp das Schlangenmotiv auf, das hier im formalen Bezug zu den Versorgungsschläuchen, mit denen Schwerkranke an das Leben gebunden sind, auch zu einem Zeichen geworden ist für den Zustand zwischen Leben und Tod.

Das Motiv weist darüber hinaus in Übereinstimmung mit dem Vordringen Knaupps in tiefere psychische Schichten des Menschen auch hin auf deren archaisch-historische Erscheinungsweisen und die immer erneuerten menschlichen Versuche, Zeichen und Bilder für das Unerklärliche zu finden, dem man sich ausgesetzt glaubt, für Qualen, Leiden und Schmerzen, deren Ursprung man sah in Eitelkeit, Sünde und Schuld. Das Motiv gilt schließlich auch dem Augenblick, in welchem die Schlange, als Metapher alles Niederen und Erdgebundenen, wieder zurückholt, was einst der Erde gehörte.

In diesem Kontext wird auch die Kreuzgestalt, die Knaupp in der Bayreuther Zeit immer wieder aufgreift, fern von jeder kirchlichen Dogmatik zu einem allgemein gültigen und uralten Symbol menschlichen Elends. Dargestellt sind nur die skelettierten Rümpfe; Arme und Beine sind stets vom Bildrand beschnitten, anstelle der Köpfe sind Löcher gebrannt, so als wolle Knaupp den Gestalten im Moment des Entstehens den Scheiterhaufen bereiten.

Eine Reihe dieser Elends- und Kreuzgestalten sind zu einem *Kreuzweg* zusammengefaßt. Es ist ein Kreuzweg des Leids, dessen Leidende anonym sind, denn für leiden, sterben, töten und getötet werden gibt es in unserer Gesellschaft nicht mehr die von Mythos und Ideologie berufenen Stellvertreter; es sind alle gemeint.

Die archaisch-magischen Elemente der Motive und Themen der Bayreuther Arbeiten haben Entsprechungen in der Reduziertheit und in den Primitivismen von Ausdruck und Duktus. Im ästhetischen Konzept freilich bleibt die Distanz des Künstlers stets deutlich.

Bei seinen Expeditionen zu den Extremen menschlichen Erlebens führt Werner Knaupp die allgemein menschliche Neu-Gier dezidiert auf die Begegnung mit den dieser Gesellschaft eigenen Tabus. Das Märchen hat für diese starke, in uns wirksame Kraft, die zum Überschreiten immer neuer Horizonte verleitet, das Bild von jenem gefunden, der auszog das Fürchten zu lernen. Die Dichtung erfand den faustischen Menschen dafür.

Werner Knaupp macht sich auf die Suche nach den gemiedenen Orten. Zu ihnen zählen die Ghettos der Geisteskranken ebenso wie die der Sterbenden und die Erfahrung des Todes selbst. Dabei mag der stärkste Antrieb sein, die eigene Furcht zu bezwingen. Doch wenn die Kunst ein unaufhörlicher Versuch ist, die Wahrheit zu suchen, so sagt das Menschenbild, das der Künstler

Knaupp in den Tabuzonen unserer Zeit gefunden hat, in seiner Versehrtheit und Einsamkeit Wahrheiten auch über den Zustand unserer Gesellschaft. Sind doch diese Momente wesentliche Motive aller bedeutsamen Menschendarstellungen dieser Zeit. Durchaus auch in Übereinstimmung mit dem Bild, das der Soziologe Norbert Elias in seinem Essay *Von der Einsamkeit der Sterbenden* gezeichnet hat: „Das Bild vom Tode im Bewußtsein eines Menschen ist aufs engste verbunden mit dem Bilde von sich selbst, vom Menschen, das in der Gesellschaft dieses Menschen vorherrscht. In den entwickelteren Gesellschaften verstehen sich Menschen als weithin von Grund auf unabhängige Einzelwesen, als Monaden ohne Fenster, als vereinzelte ‚Subjekte', denen die ganze Welt, also auch alle anderen Menschen, als ‚Außenwelt' gegenübersteht und deren ‚Innenwelt' wie durch eine unsichtbare Mauer von dieser ‚Außenwelt', also auch von anderen Menschen, abgetrennt ist."

Strenger in der Form, radikaler in der Zerstörung, deutlicher in der Bezeichnung der magischen Elemente als in den vorangegangenen Arbeiten, die kurz vor und während der Bayreuther Phase entstanden sind, erscheinen dann jene Köpfe von 1978, die Knaupp nach einer nochmaligen Bearbeitung 1988 unter der Bezeichnung *Kreuzweg II* zusammengefaßt hat. Hier betrifft die Zerstörung nicht mehr nur einzelne Bildmotive, sondern den Bildträger selbst. Es ist, als wolle Knaupp die Darstellung durch den radikalen Abriß des Papiers gleichsam ersticken. Tod und Zerstörung werden nicht mehr nur dargestellt, sondern teilen sich mit in einer Geste ‚direkter Kunst'. Diesen Akt zu Ende zu führen hieße, die Kunst selbst aufzuheben. Dem entgeht Knaupp nicht nur dadurch, daß er die Arbeiten in ein Konzept bindet und zu einer Reihe zusammenfaßt, sondern auch, indem er die Abrisse, aufgehoben in einer Vitrine und wie aufgebahrt in einem gläsernen Sarkophag, zu einem Teil dieser Arbeit macht. Der radikalste Zugriff im Sturm auf die eigenen Bilder wird so zugleich zur Manifestation des Gebundenseins in eine strenge ästhetische Ordnung. Das scheint seit je kennzeichnend für die Kunst Werner Knaupps und bestimmend auch für die Wahl seiner Themen.

Dadurch aber bestätigt er zugleich den menschlichen Gestaltungswillen, der nur in ganz seltenen Momenten der Betroffenheit und Erschütterung sprach- und ausdruckslos bleibt. Nicht selten ist es darüberhinaus geradezu so, als forderten das Erlebnis von Tod und Zerstörung das ästhetische Handeln und das Empfinden von Schönheit als Ausdruck eines unzerstörbaren Lebenswillens noch heraus.

Nach der einjährigen Arbeit im Krankenhaus Bayreuth setzte sich Knaupp in jeweils mehrmonatigen Aufenthalten in den Jahren 1979/80 bis an die Grenzen seiner physischen und psychischen Belastbarkeit in direkter Konfrontation dem Sterben und Verlöschen zunächst im Sterbehaus der Mutter Teresa in Kalkutta als Pfleger und dann im Nürnberger Krematorium als Arbeiter aus.

In einem ersten Schritt des Verarbeitens hielt er diese ihn erschütternden Erfahrungen in noch nahezu naturalistischen Kohlezeichnungen fest. In ihnen verflüchtigt sich die menschliche Gestalt im Rauch der Scheiterhaufen. Materie verwandelt sich in Atmosphäre und erinnert dabei bisweilen an die Wolkenformationen der frühen Landschaften.

Erst in einer weiteren Phase der Arbeit, unter dem Eindruck der Glut der Verbrennungsöfen, abstrahiert er diese Erlebnisse und wendet sich zugleich dem zu, was nach Tod und Verbrennung vom Menschen bleibt – Schädelreste, knöcherne Asche und Erde. Unter den Titeln ‚Schwarze Wand', ‚Braune Wand' und ‚Adamah' – das hebräische Wort meint jenen Ackerboden, der das Leben gibt und wiederaufnimmt – sind eine Reihe dieser Arbeiten zu Bildgruppen und zu monumentalen

‚Totenstätten' zusammengefaßt. Darstellungen, in deren monochromer Farbigkeit Formen nur mehr in der unterschiedlichen Konsistenz des Farbauftrags, dessen Farben mit Asche und Kohle gemischt sind, deutlich werden, und auf denen die Reste menschlicher Körper zu amorphen Gestalten werden, als gingen sie in der Erde, die sie aufgenommen hat, auf. So formen sich die Bilder vom Tod schließlich um zu Bildern von der Erde.

In dieser sich hier darstellenden endgültigen Metamorphose des Menschen sind Qual und Krankheit, Leiden und Sterben verschwunden. Der Mensch ist zu dem Stück Erde geworden, aus dem er, wie die Mythologien sagen, geformt wurde. Es ist, als hätten diese Arbeiten, die unter der Erfahrung der Endgültigkeit des Todes entstanden sind, im Werk Werner Knaupps und in seiner Beschäftigung mit dem Bild des Menschen die Funktion einer Katharsis. Zugleich führen sie dieses Thema auf eine unvermutete, doch selbstverständliche Weise wieder zurück zu seinen Anfängen in der Landschaft.

Und wenn die Verdrängung des Todes und damit die Einsamkeit des Sterbens in unserer Zeit, wie Norbert Elias meint, mit der allzu begrenzten Identifizierung der Menschen miteinander und mit der Natur zu tun haben könnte, so deutet sich hier ein Weg hinaus an, den Werner Knaupp zunächst ganz für sich allein gegangen ist.

# NKH BAYREUTH – BILDER VON WERNER KNAUPP

Felix Böcker

Im Sommer 1977 kam der Maler Werner Knaupp mit der Bitte zu mir, im Nervenkrankenhaus Bayreuth Studien betreiben zu können.

Werner Knaupp wollte Menschen in Grenzsituationen erleben. Zuvor hatte ich von ihm nichts gehört, nichts von seinen Reisen und nichts von seinen Kugelschreiberbildern. Er zeigte mir einige seiner Arbeiten, vor allem Köpfe, eingerissen, eingebrannt.

Ich habe der Bitte von Werner Knaupp entsprochen, weil ich mir in der persönlichen Begegnung und in der Begegnung mit seiner Arbeit rasch sicher wurde, daß es diesem Maler nicht um Sensation oder Masche ging; weil ich der Meinung bin, daß die Kunst einen wichtigen Beitrag zur Erhellung und Deutung von Wirklichkeit leisten kann; weil Psychiatrie und psychiatrisches Großkrankenhaus Teile unserer Wirklichkeit sind, die gerade in unserer Zeit vielfältige und widersprüchliche Deutungen erfahren, und weil die Menschen in psychiatrischen Krankenhäusern tatsächlich in einer Ausnahmesituation leben.

Werner Knaupp bekam die Möglichkeit, in unserem Krankenhaus ein- und auszugehen. Ein halbes Jahr lang war er fast täglich in Bayreuth.

Von Anfang an war ich gespannt, was Werner Knaupp sehen würde, welcher Teil unserer Wirklichkeit für ihn der wichtigste sein würde. Seine Bilder stehen für sich.

Ich will schildern, wie ich diese mit dem Kürzel *NKH Bayreuth* versehenen Arbeiten von Werner Knaupp sehe.

Wirklichkeit hat viele Gesichter. Das gilt für die Wirklichkeit in psychiatrischen Kliniken in besonderer Weise. Von außen betrachtet erscheinen psychisch Kranke je nach Standort und Selbstverständnis des Betrachtenden den einen als zu fürchtende Monster, vor denen am zuverlässigsten dicke und hohe Mauern schützen. Andere sehen sie als Opfer herrschsüchtiger zynischer Psychiater, die aus niederen Gründen oder zur Stabilisierung der Herrschaftsverhältnisse in unserer Gesellschaft Außenseiter zu Narren ernennen und sie damit unter ihre Gewalt bringen. Die meisten verschließen schlicht die Augen; oft sicher aus Angst, die eigene psychische Konsistenz zu verlieren. Von innen her erscheinen psychisch Kranke lange Zeit auch vielen Psychiatern eher als Objekte, als Angehörige bestimmter Diagnosegruppen, z. B. als Schizophrene, Oligophrene, Alkoholiker, Cerebralsklerotiker.

Was Werner Knaupp sah, zeigen seine Bilder. Er sah jeweils einzelne Menschen, zutiefst leidende, gequälte, geschundene. Manche bäumen sich noch auf, manche sind am Ende, sind aller Kraft endgültig beraubt, existieren nur noch als Haarbüschel unter dem schwarzen Tuch des Leides, dem schwarzen Tuch des Todes. Die Schlangen winden sich heraus, sie haben ihre Schuldigkeit getan, sie suchen neue Opfer.

Es sind jeweils einzelne Menschen, als einzelne eindeutig festgestellt, dennoch nicht auf einen einzelnen zu fixieren. Nicht die einzelne konkrete Person ist durch ihre Behinderung oder durch ihre Krankheit eingefangen, eingebunden, sondern der einzelne Mensch als solcher, jeder, auch jeder von uns.

Ausgehend vom Leiden der Kranken, die Werner Knaupp in unserem Hause sah, stellt er das Leiden des Menschen heraus, unentrinnbar, wirklich. Darum machen diese Bilder so betroffen, darum weichen viele vor ihnen zurück. Solche oft zu beobachtenden Reaktionen zeigen um so deutlicher, daß die Sprache dieser Bilder verstanden wird, daß sie ankommt, daß sie sich nicht intellektuell geriert, sondern unmittelbar und echt ist.

Diese Bilder verdeutlichen wieder, daß der Mensch ein endliches Wesen ist, daß er Leid, Krankheit und Tod ausgeliefert ist, daß er nicht entrinnen kann. Damit ist eine Wirklichkeit unseres Daseins erneut dingfest gemacht, nicht die ganze Wirklichkeit, aber eine entscheidende Teilwirklichkeit.

Weil ich die Bilder von Werner Knaupp so sehe, zwingen sie mich, über den Sinn dieser Wirklichkeit nachzudenken, verdeutlichen sie mir den für den einzelnen sehr relativen Wert von Technik, Fortschritt, Wohlstand, von Dasein ohne Bezug. Auch diese Bilder zwingen mich zu dem Eingeständnis, daß ich nicht in der Lage bin, den Sinn und den Platz des Menschen in der Ordnung der Welt zu bestimmen, sie verdeutlichen mein letztliches Alleinsein und mein letztliches Ausgewiesensein auf eine mir unfaßliche, hoffentlich gnädige, hoffentlich helfende, hoffentlich erlösende Ordnung, mein letztliches Angewiesensein auf Gott.

Werner Knaupp hat in dem Leiden der Menschen in unserem Haus ein Paradigma für das Leiden des Menschen und seiner Endlichkeit schlechthin gesehen. Das scheint mir die wichtigste Aussage seiner Bilder. Für uns, denen die Menschen anvertraut sind, die dem Maler als Abbild des Leidens dienten, kann die allgemeine Aussage jedoch nicht genügen. Wir müssen fragen, was diese Bilder über die Wirklichkeit in unserem Haus sagen.

Ich weiß um das Leiden der Kranken, dennoch war ich betroffen über die Wucht, in der es sich in den Bildern von Werner Knaupp widerspiegelt. Diese Wucht, dieses Ausmaß müssen wir verinnerlichen und daran wohl mehr noch als bisher unsere Aufgabe und unseren Einsatz messen.

Diese Gedanken berühren aber nicht nur die Arbeit der in den Krankenhäusern Tätigen. Sie müssen auch dem Außenstehenden zeigen, daß psychisch Kranke, psychisch oder geistig Behinderte, leidende einzelne Menschen sind, um die man sich kümmern muß. Werner Knaupp hat Wirklichkeit erhellt. Nach meiner Überzeugung hat er damit auch der Psychiatrie einen Dienst erwiesen.

# DER AUSBRUCH DER FARBE
Zu den Pastellen von Werner Knaupp seit 1987

Christine Hopfengart

Die Pastelle sind die große Überraschung im Werk von Werner Knaupp. Seit Mitte 1987 arbeitet er an ihnen, 1988/89 wurden sie zum ersten Mal ausgestellt.

Das Neue und Überwältigende an den Pastellen ist die Farbe. Noch nie hatte Knaupp mit Farben gearbeitet. Die lange Folge der Kugelschreiberzeichnungen basiert ganz auf der sensiblen Durchdringung von schwarz und weiß. Die nachfolgenden Zeichnungen aus dem Nervenkrankenhaus Bayreuth, die *Verbrennungen* und *Adamah*-Bilder bewegen sich lediglich im Spektrum von braun bis schwarz und ihre ‚Farbigkeit' beruht zum guten Teil auf den als Bildmaterial verwendeten Verbrennungsrückständen Asche und Kohle. Lediglich in der kleinen Gruppe der *Vernarbungen*, am Übergang vom Landschaftsthema zum ‚Menschenbild', wird der Kugelschreiberzeichnung Farbe hinzugefügt. Auch hier ist sie aber kein Grundelement, aus dem heraus die Bilder aufgebaut werden, sondern eine additive und illustrative Ergänzung. Vor diesem Hintergrund erscheinen die Pastelle als rigoroser Bruch mit seinem bisherigen Werk und als ein strahlender Neuanfang, der nicht nur eine veränderte künstlerische Haltung, sondern auch eine andere Lebenseinstellung vermuten läßt. Der Blick, der zuvor mit nachdrücklichem Ernst auf dem Leiden und dem Tod lag, scheint nun wie befreit und dem Leben zugewandt zu sein. Die existenziellen Inhalte scheinen durch künstlerische ersetzt worden zu sein, bei denen formale Fragen eine größere Rolle spielen als je zuvor. Soviel Wandel ist unwahrscheinlich. Aber schon früher hatte man Knaupps Werk als ein Werk der Brüche gesehen und die Gruppe der ‚Menschenbilder' als rigorosen Neuanfang gegenüber den Kugelschreiberbildern bezeichnet. Erst im nachhinein begann man wahrzunehmen, daß es Kontinuitäten gab: nicht nur Kontinuitäten, die aus der Einheit der Person heraus erklärbar sind, sondern daß es auch künstlerische Übergänge gab, die von einer Werkgruppe zur anderen überleiten und die man zuvor übersehen hatte. Auf seine neuen Arbeiten angewandt heißt das: Stehen die Pastelle tatsächlich voraussetzungslos da oder gibt es nicht doch Verbindungen zu seinem früheren Werk? Und, ist es tatsächlich so, wie es auf den ersten Blick scheint, daß die Schwergewichtigkeit von Knaupps früheren Arbeiten auf einmal durch heitere Buntheit abgelöst wurde?

Die Arbeit an den Pastellen begann im Sommer 1987. Vorausgegangen war die Gruppe der Eisenplastiken. Vergleicht man die Pastelle mit einer Arbeit wie der *Lebensspur (12er Reihe)* (Kat.-Nr.96), so könnte der Abstand nicht größer sein. Betrachtet man die Plastiken jedoch in ihrer chronologischen Abfolge, so stellt man fest, daß es hier bereits eine Tendenz gab, die allmählich von der Todesthematik weg zu mehr künstlerischen Fragestellungen führte. In der *Lebensspur (12er-Reihe)*, die am Anfang stand, verfolgte Knaupp das Thema der verbrannten Körper bis an die Grenzen mimetischer Drastik. Die nachfolgenden Werkgruppen, die verschiedenen Fassungen der *Hüllen* entfernen sich schrittweise vom Ausgangsthema der verbrannten Leiber, bis sie schließlich in rein plastische Objekte einmünden. In den ersten *Großen Hüllen* (Kat.-Nr.99–109) sind die verbrannten Eisen-Körper, wenn nicht tatsächlich, dann zumindest noch in Abwesenheit imaginativ vorhanden. In den *Schmalen Hüllen* (Kat.-Nr.110–115) und den *Halbierten Hüllen* entfernt sich Knaupp in den

Proportionen und in der Materialbehandlung von der Bindung an den menschlichen Körper, und die *Große Hülle* von 1987 schließlich ist nur noch ein straff geschwungener Metallkörper. Auch wenn wiederum aufgeschnittene Eisenrohre verwendet wurden, sind sie doch so sehr in eine kühle Gesamtform integriert, daß sie keine weitergehenden Assoziationen mehr zulassen. Entscheidend ist aber darüberhinaus, daß die Plastik farbig gestrichen ist, daß also alle an Vergänglichkeit gemahnenden rostigen Oberflächenreize getilgt sind. Ja, es ist sogar so, daß man durch die spezielle Farbe des Anstrichs – es ist orange – an Rostschutzfarbe erinnert wird. Die farbige Fassung steht so geradezu in programmatischem Gegensatz zur bisherigen Oberflächenbehandlung seiner Plastiken und macht die *Große Hülle* zu einer reinen Farb-Form. Mit dieser letzten Arbeit seiner Eisenplastiken ist Knaupp bereits weit von der Todesthematik entfernt. Auch wenn an diesem Punkt eine Werkgruppe wie die der Pastelle noch unvorstellbar erscheint, so sind doch die grundsätzlichen Voraussetzungen für eine Hinwendung zu Form und Farbe geschaffen.

Bei den Pastellen spielt, wie schon bei den Kugelschreiberzeichnungen, die Technik eine wichtige Rolle, und nicht umsonst ist in beiden Fällen die ganze Werkgruppe danach benannt. Und wiederum hat sich Knaupp für eine Technik entschieden, die zwischen Malerei und Zeichnung steht.

Das Pastell hat eine eigene Tradition. Es ist eine beliebte Technik in Zeiten ästhetischer Verfeinerung. Der matte Schmelz der Kreiden ist prädestiniert für raffinierte Effekte. Das Rokoko bediente sich seiner gerne und der Impressionismus. Darüberhinaus wird es in bestimmten Bereichen der Trivialkunst – beispielsweise bei Gesellschaftsporträts und gehobenen erotischen Darstellungen – bevorzugt verwendet. Das Pastell ist deshalb immer mit der Gefahr des allzu Eleganten und Geschmäcklerischen verbunden. Knaupps Pastelle sind indes von dieser Gefahr weit entfernt. Zum einen liegt das an der Wahl der Farben, zum anderen an der Art, wie sie aufgetragen werden. Knaupp arbeitet mit physischer Direktheit und verreibt die Farben mit dem Handballen oder mit den Fingern zu größeren Flächen. Meistens sind es mehrere Schichten übereinander, so daß sich verschiedene Farben überlagern und untergründig zusammenwirken. Knaupps Arbeit mit Pastellfarben zielt nicht auf Raffinesse, sondern auf Intensität. Anders als bei Acryl- oder vor allem Ölfarben ist die Oberfläche ‚offen'. Sie erzeugt keine Reflexe sondern wirkt in ungebrochener Intensität.

Knaupps Pastelle haben vor allem ein Thema: Vulkane. Daneben gibt es noch einige andere Bergmotive und die sogenannten *Monde und Sonnen*.

Vulkane beschäftigten Knaupp schon früher. Seit er auf einer Reise nach Sizilien im Jahr 1967 einen Ausbruch des Ätna miterlebte, gehören sie zu den virulenten Motiven seines Werkes. In einer Reihe von Kugelschreiberzeichnungen der Jahre 1968–71 wurden sie erstmals künstlerisch verarbeitet.

Knaupp nähert sich den Vulkanen mit einem umfassenden Interesse. Er unternimmt Reisen in verschiedene vulkanische Regionen der Erde, so beispielsweise nach Neuseeland und nach Hawaii, er erwandert sie sich oder unternimmt Rundflüge, um sie aus allen Blickwinkeln zu erfahren. Daneben beschäftigt er sich aber auch mit den verschiedenen Vulkantypen, mit ihrer geologischen Struktur und ihrer geographischen Lage. Vulkane interessieren ihn nicht nur als ästhetisches, sondern auch als naturwissenschaftliches Phänomen. Knaupp möchte nicht nur sehen und erleben, sondern auch wissen. In die Bilder gehen seine Kenntnisse allerdings nur sehr bedingt ein, sie gehören aber zur geistigen Grundlage seiner obsessiven Beschäftigung mit dem Thema. Gelegentlich ahnt man sie in den verschiedenen und manchmal ungewöhnlichen Formen der Berge und Krater. Im allgemeinen aber treten sie hinter der künstlerischen Bearbeitung, insbesondere hinter der intensiven Farbigkeit zurück.

Vulkane sind ein hochgradig metaphorisches Thema. Es ist besetzt mit Vergleichen aus dem erotischen Bereich und aus der Kulturgeschichte. Das ‚vulkanische Temperament' und der ‚Tanz auf dem Vulkan' stehen für seine bevorzugte Anwendung. Vulkane werden als etwas Ambivalentes wahrgenommen, wo Lust und Gefahr untrennbar miteinander verbunden sind. Ein Vulkanausbruch ist Feuerwerk und Naturkatastrophe in einem. In der romantisierenden Landschaftsmalerei des 19. Jahrhunderts, in der Vulkane ein Spezialgenre darstellen, wird er als schaurig-schönes Schauspiel inszeniert, zu dem sich in sicherem Abstand Zuschauer versammeln, um es mit sichtbaren Zeichen des Erschreckens zu genießen. Es ist jedoch nicht notwendig nur der Ausbruch, der das Thema interessant macht. Es ist ebensosehr das Faszinosum der Erdöffnung, mit dem sich die Hoffnung verbindet, etwas vom Inneren der Erde erfahren zu können. Als Goethe auf seiner *Italienischen Reise* 1787 den Vesuv bestieg, tat er es mit dieser Absicht, wurde aber in seinem Drang zur Erkenntnis von der Natur zurückgewiesen: „Durch die hellste Sonne erschien die Glut verdüstert, nur ein mäßiger Rauch stieg in die reine Luft. Ich hatte Verlangen, mich dem Punkte zu nähern, wo sie aus dem Berge bricht; [...] Glücklicherweise fanden wir die Stelle durch einen lebhaften Windzug entblößt, freilich nicht ganz, denn ringsum qualmte der Dampf aus tausend Ritzen [...]". Wie hier in Form des Reiseberichtes eher beiläufig formuliert, vereinigt sich in den Vulkanen die größtmögliche Nähe zur Erfahrung unterirdischer Welten mit der größtmöglichen Gefahr. Anziehung und Abstoßung, Nähe und Distanz bedingen sich gegenseitig.

Werner Knaupp hat mit den *Vulkanen* seiner Pastelle eine eigene Ikonographie entwickelt. Sie ist weit umfassender als bei seinen Kugelschreiberzeichnungen der sechziger und siebziger Jahre und geht mit den neu entdeckten künstlerischen Ausdrucksmitteln eine kraftvolle Verbindung ein.

Bei den Kugelschreiberzeichnungen stehen Thema und Technik dagegen in einem eigenartigen Widerspruch. Sie konzentrieren sich in den meisten Fällen auf den Ausbruch (Kat.-Nr. 15–20, 23–26). Im Mittelpunkt steht der Rauchpilz flächenbeherrschend über dem Rumpf des Berges. Ausgeführt sind diese Arbeiten in der für Knaupps Werk dieser Jahre charakteristischen Technik, bei der feine kreisende Linien wie ein Gespinst die großen Formen ausfüllen. Zu ihren Eigenschaften gehört, daß die Gesamtformen, trotz ihrer beweglichen Binnenstruktur, immer fest konturiert bleiben. Für die *Vulkane* bedeutet das, daß der Ausbruch im Inneren der Form stattfindet. Die elementare Wucht des dargestellten Vorgangs und die sensible Feinmaschigkeit der Zeichentechnik, die Dynamik des Vulkanausbruchs und die Stabilität der Gesamtform halten sich gegenseitig in Zaum.

Die *Vulkane* der Kugelschreiberzeichnungen waren eines von mehreren Landschaftsmotiven. Die *Vulkane* der Pastelle sind seit sechs Jahren das beinahe ausschließliche Thema von Knaupps künstlerischer Arbeit. In immer wieder neuen Variationen werden sie in ihren verschiedenen Formen und verschiedenen Aktivitäten dargestellt. Dabei geht es jedoch nicht um bloße Vielfalt, sondern darum, die Aussagemöglichkeiten des Themas Vulkan nach allen Richtungen hin auszuloten. Der Vulkan ist zu einer umfassenden Metapher geworden, deren inhaltliche Bandbreite für Knaupp noch lange nicht erschöpft ist. Verfolgt man die Pastelle chronologisch von 1987 bis heute, so läßt sich erkennen, welche Stufen der Auseinandersetzung bisher stattgefunden haben.

Die ersten Pastelle waren Walchenseelandschaften (Kat.-Nr.117). Sie wurden häufig vor Ort gezeichnet, mit expressiv ausfahrendem Strich und variieren das Motiv der steil aufragenden Berge und des runden Seespiegels an ihrem Fuß. Auf die Entdeckung des Motivs folgte seine Ausarbeitung auf verschiedenen Ebenen. Im Vordergrund stehen formale Probleme: die Organisation der Bildfläche, die Kombination inhaltlicher Details mit der neu hinzutretenden Farbe und schließlich vor allem die farbliche Bildaufteilung und die Verbindung verschiedener Farben. Manche Blattfolgen sind erzählerisch angelegt und geben unterschiedliche Bergformen oder Witterungsphänomene wieder. Andere sind reduziert auf eine leuchtende monochrome Farbfläche, in die Berge und See nur als lapidare Kürzel eingetragen sind. Es dauert eine Weile, bis Farbe und Formen zur Synthese gebracht werden und sich das Grundmotiv der nächsten Jahre, der isoliert im Blatt stehende *Berg* (Kat.-Nr.118) – wenig später ist es der *Vulkan* – herausgebildet hat.

Der eigentliche Ausbruch der Farbe findet im Anschluß an diese anfänglichen Erkundungen statt. Knaupp hat nun eine Form gefunden, die er in immer neuen Variationen ausführt (Kat.-Nr.119, 122, 123). Der Berg ragt kegelförmig von unten ins Bild, der Ausschnitt konzentriert sich auf die Bergspitze. Deutlich sichtbar ist der Krater, der in Kraterrand und Öffnung unterteilt ist. Alle Teile sind in starken Farben voneinander abgesetzt. Dazu kommt der Hintergrund als Kontrastfläche, der in Reminiszenz an den Himmel zahlreiche Blautöne abwandelt. Durch austretenden Rauch oder glühende Lava werden zusätzliche farbliche Akzente gesetzt. Zum Mittelpunkt des Bildes entwickelt sich allmählich die Krateröffnung, die in ihrer intensiven Schwärze die anderen Farben erst zum Leuchten bringt, darüberhinaus aber auch eine, über die reine Farbwirkung hinausgehende spirituelle Qualität erreicht.

Noch deutlicher wird diese Tendenz bei einer Gruppe gleichzeitig entstehender Pastelle, in denen nicht Vulkane, sondern Sonne und Mond das Thema bilden (Kat.-Nr.125-126, 150-151). Knaupps Interesse liegt dabei ganz beim Phänomen der gegenseitigen Verfinsterung der beiden Himmelskörper. Seine *Monde und Sonnen* überlagern sich so, daß einander scharf konturierende Hell- und Dunkelzonen entstehen. Weit mehr als bei den Vulkanen haben die Farben hier assoziativen Charakter und bedeuten mehr als nur Gelb und Schwarz. Die ins Kosmische ausgreifende Dimension des Themas überträgt sich auf die Wahrnehmung des Bildes. Die schwarze Scheibe, die wie bei den Vulkanen im Zentrum steht, gewinnt dabei eine suggestive Kraft, die in den metaphysischen Bereich von Dunkelheit und Finsternis führt.

Die Pastellgruppe der *Vulkane* vereinigte Knaupp 1989 erstmals zu einer sogenannten ‚Wand', bei der er 70 von ihnen zu einem Tableau ordnete. In ihm wurde die erreichte Spannweite der neuen Werkgruppe konzentriert ausgebreitet.

Der schwarze Krater nimmt in der Folgezeit immer größeren Raum ein. Kippte der Blickwinkel bisher zwischen Ansicht und Aufsicht, so setzt sich zunehmend eine Vogelperspektive durch, die den Berg zu einem schmalen Rand schrumpfen und die Krateröffnung sich weit ausdehnen läßt. Diese Entwicklung kulminierte in einer Reihe einander sehr ähnlicher Blätter mit ähnlicher Farbstellung und ähnlicher formaler Anlage: der dunkle Berg mit einem gelben Kraterrand steht vor einem schmal gewordenen Hintergrund aus kräftigem Blau und Grün (Kat.-Nr.132). Erzählerische Details wie aufsteigender Rauch oder herausschießende Lava sind völlig weggelassen. Alle Konzentration liegt auf der weiten schwarzen Öffnung. Bei aller Ruhe liegt in diesen Blättern eine extreme

Spannung. Die weite Öffnung, die den Blick auf das Innere freizugeben scheint, und das Schwarz, das sie verschließt, arbeiten einander entgegen. Man meint tatsächlich etwas vom Geheimnis des Erdinneren erkennen zu können, wenn man nur genau genug hinsieht, und wird doch immer nur auf das Bild zurückgeworfen.

Auf diese Reihe formal außerordentlich präzisierter Arbeiten mit höchster psychologischer Suggestion folgt eine lange Serie ganz anderer Art. Als sei er einem fernen Ziel vorzeitig zu nahe gekommen, zieht Knaupp sich mit seinen nachfolgenden Arbeiten zurück (Kat.-Nr. 136, 140). Statt glühender Farben verwendet er jetzt ‚natürliche' Töne – ocker, braun und grau. Die Farbe wird nicht mehr flächig aufgetragen, sondern in teilweise ausgesprochen rohen Strichen. Die Hintergrundfarben sind aufgegeben, alles ist in der gleichen Farbstellung, nur die Richtung der Schraffuren wechselt. Man sieht nicht mehr einen einzelnen Berg, sondern eine ganze vulkanische Landschaft mit verkrustetem Boden, aus dem sich die einzelnen Krater nur wenig herausheben. Die kräftige Zeichentechnik und die erdigen Farben geben den Blättern einen vergleichsweise materiellen Charakter und scheinen das Thema *Vulkan* von metaphysischen Annäherungen wieder auf den Boden der Tatsachen zurückzuholen. Die zuletzt alles dominierende Krateröffnung verschwindet nun in vielen Fällen ganz, manchmal ist sie mit Schlamm oder Lava gefüllt.

Als Knaupp die früheren Darstellungsmuster seiner Vulkane wieder aufnimmt, entsprechen sie nur noch auf den ersten Blick den früheren Blättern. Tatsächlich aber erreicht die Farbigkeit nur noch selten deren Strahlkraft. Die formalen Probleme von früher, wie die Vermittlung von Ansicht und Aufsicht, sind nun souverän gelöst (Kat.-Nr.154,160). Am Kraterrand zeichnet sich als ein neues Element eine feine Linie ab, die zwischen dem Kraterrand und dem Abgrund vermittelt. Aus der Weiterentwicklung dieser Linie entsteht eine ganze Gruppe von Bildern, bei denen die Form des Vulkans durch unregelmäßige, konzentrische Linien definiert ist. Dem Sog der Farben arbeitet hier eine graphische Bildstruktur entgegen, die das Thema vorübergehend auf eine stark formalisierte Weise behandelt (Kat.-Nr.155–157,163). Bei den jüngsten Pastellen der letzten Zeit dominiert dagegen eine ganz andere Tendenz. Der Ausschnitt ist enger geworden, der Blick richtet sich in direkter Nahsicht auf den Krater (Kat.-Nr.161,165,167). Anders als bisher ist nun jedoch in vielen Fällen die Krateröffnung nicht mehr erkennbar. Sie wird durch herausquellenden Rauch verdeckt. Die Konturen und das Wechselspiel von konvexer und konkaver Form werden zurückgenommen und durch farbliche Vielschichtigkeit überspielt. Formal sind diese Vulkane vergleichsweise unpräzise, psychologisch sind sie unberechenbar und bedrohlich geworden. Der neue Blickwinkel entspricht dem des Wanderers, der einen Vulkan besteigt, um ins Innere zu blicken, und je näher er der Öffnung kommt, desto mehr verhindern Hitze, Rauch und Steine den ersehnten Einblick. Auch in der Farbe wird eine neue Richtung eingeschlagen. Knaupp verwendet nun bevorzugt ein in verschiedenen Richtungen abgetöntes Rosa. Schon bei früheren Blättern kam diese Farbe vor, in Zusammenhang mit den zunehmend amorpher werdenden Formen aber denkt man über das Thema Vulkan zugleich an Fleisch und organische Körper. Dazu kommt, daß das Rosa vielfach mit einem Rot kombiniert wird, das, so gesehen, nicht mehr nur Lava, sondern auch Blut und Verwundung bedeutet. Überblickt man die Pastelle von ihrem Beginn bis heute, so haben sich erhebliche Veränderungen ergeben. Die Pastelle stellen keineswegs eine in sich homogene Gruppe von Arbei-ten dar, wie man es vielleicht meinen möchte, wenn man sie nur im Vergleich und im

Gegensatz zu den vorhergegangenen Abschnitten von Knaupps Werk sieht. Ihre Entwicklung beschreibt einen Bogen von formalen Problemen bis hin zu einer erneuten existenziellen Vertiefung, die wieder früheren Werkgruppen nahekommt. Nach seinen eigenen Aussagen hatte Knaupp 1987 mit den Pastellen begonnen, um Abstand von seinem letzten großen Thema – Leiden, Tod, Verbrennung - zu bekommen. In seinen ersten Pastellen, den Walchenseelandschaften und den Bergen, wird es deutlich, daß hier so vergleichsweise neutrale Anliegen wie die Aneignung der Farben und die Bewältigung der Bildfläche im Vordergrund standen. Lange aber blieb Knaupp nicht bei solchen reduzierten Zielen stehen. Schon mit der Rückbesinnung auf das alte Thema Vulkan beginnt eine erneute inhaltliche Erschließung. Der Vulkan ist nicht mehr nur Formelement und nicht nur Landschaft. Bei Knaupp wird er zum Bild für Menschliches. Das Verhältnis von Innen und Außen, die verschiedenen Stadien des Ausbruchs, aber auch der spannungsvolle Ruhezustand geraten zu Metaphern menschlicher Zustände, zu Psychogrammen oder erotischen Gleichnissen. Die runde Öffnung des Vulkans wird zum Zentrum dieser Metaphorik.

Im Laufe der Jahre ändern sich nicht nur die inhaltlichen Schwerpunkte, sondern auch scheinbare Äußerlichkeiten, die jedoch ebenfalls zu den Koordinaten von Knaupps künstlerischer Absicht gehören. So vergrößert er kontinuierlich das Bildformat. Drei Größenklassen gibt es bisher, angefangen mit einem handlichen Zeichenblockformat bis hin zu den heutigen Maßen, die denen eines Bildes entsprechen. Parallel dazu verkleinerte er den Bildausschnitt. Sah man anfänglich die Berge um den Walchensee aus weitem Abstand, so ist heute im allgemeinen nur noch ein kleiner Teil des Kraterrundes zu sehen. Als Betrachter befindet man sich förmlich am Rande des Abgrunds. Knaupp geht es darum, den Abstand zwischen sich und dem Bild, aber auch zwischen Betrachter und Bild zu verringern und beide Seiten in immer größere psychische und physische Nähe zueinander zu bringen. In diesem Sinne werden auch die erzählerischen Details zunehmend weggelassen und die Vulkane auf wenige, lapidare und immer großflächigere Formen reduziert. Die Zahl der Farben geht zurück, und die frühere Buntheit wird durch wenige Töne ersetzt. Die schwarzen Konturen werden zunehmend weggelassen. Die Farben treffen damit unmittelbar aufeinander, und das stabilisierende graphische Gerüst fällt weg. Insgesamt geht die Tendenz zur Vereinfachung und Vergrößerung und zur Steigerung der direkten Wirkungsmacht des Bildes.

Mit den jüngsten Pastellen schlägt Knaupp noch einmal eine neue Richtung ein, die zugleich zu seinem vorherigen Werk zurückführt. Mit der farblichen Anspielung auf Leiblichkeit und mit dem indirekt enthaltenen Thema der Verwundungen ist Knaupp auf dem Weg über die Entdeckung der Farbe und die Landschaft wieder beim Bild des Menschen angekommen, von dem er sich zu Beginn gerade entfernen wollte. Man fühlt sich an die Vernarbungen erinnert, aber auch an die Verbrennungen, die nun durch ihre Nähe zum Feuer in Beziehung zu den Vulkanen geraten.

Knaupps *Vulkane* stellen in gewisser Weise eine Synthese seines bisherigen Werkes dar. Seine starke Beziehung zur Natur und sein Interesse am Menschen sind gleichermaßen enthalten. Sie nehmen die Landschaftsdarstellungen, mit denen er in den sechziger Jahren seine künstlerische Arbeit begann, wieder auf, aber auch das große Thema des Menschenbildes aus den nachfolgenden Werkabschnitten. Beides wird in der Metapher des Vulkans zusammengefaßt und in einer unverwechselbar neuen und befreiten Bildsprache formuliert.

ABBILDUNGEN

TUSCHFEDER- UND KUGELSCHREIBERZEICHNUNGEN

2 Sahara, 1965, Stadtgeschichtliche Museen Nürnberg

Sahara, 1965, verschollen

5 Sahara, 1965, Privatsammlung

7 Sahara, 1965, Privatsammlung

4  Sahara, 1965, Sammlung Marianne und Hansfried Defet

6 Sahara, 1965, Privatsammlung

1 Sahara, 1965, Sammlung Marianne und Hansfried Defet

14  Meer, 1967, Privatsammlung

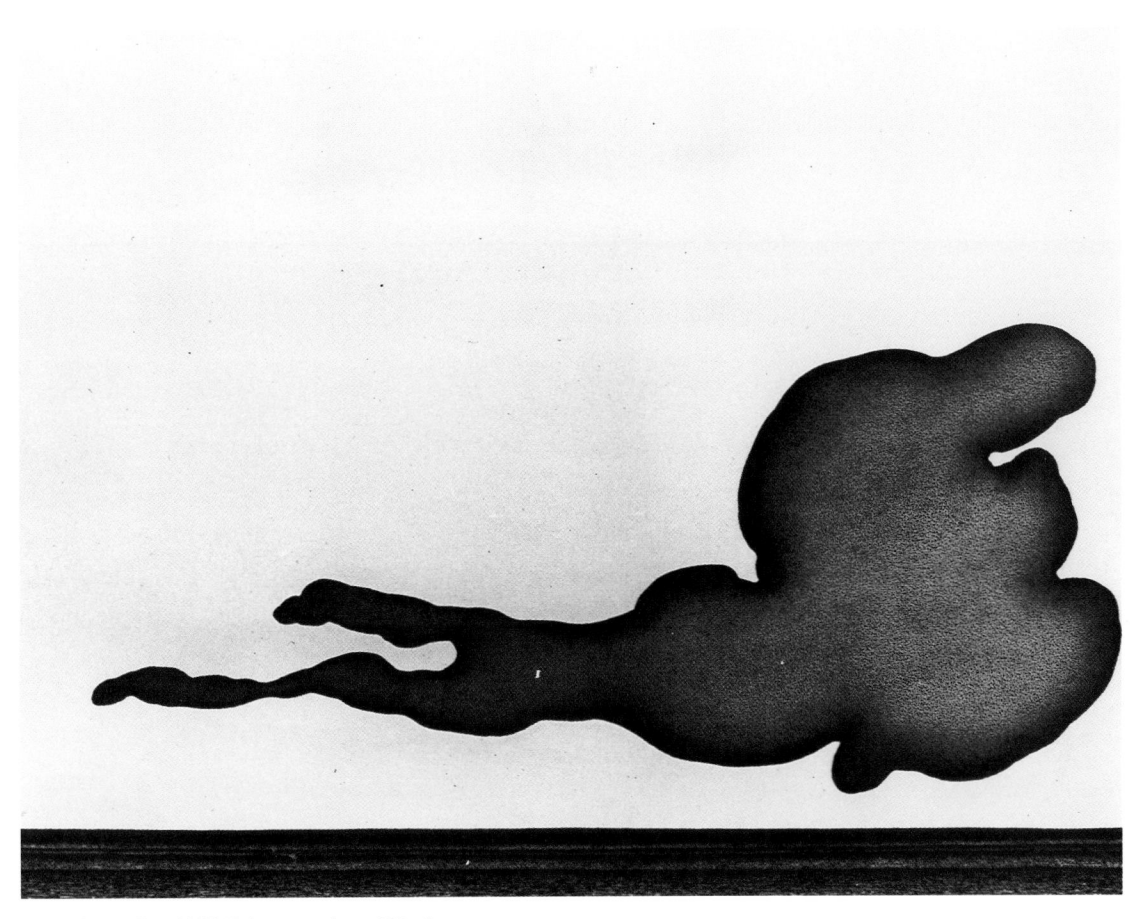

8  Große Wolke, 1966, Privatsammlung Nürnberg

11 Lofoten, 1967, Sammlung Karl Gerhard Schmidt

9 Lofoten, 1967, Sammlung Elke und Hans Jörg Uebel

10  Lofoten, 1967, Sammlung Marianne und Hansfried Defet

13 Lofoten, 1967, Privatsammlung

19  Vulkan, 1968, Sammlung Marianne und Hansfried Defet

12  Lofoten, 1967, Privatsammlung

15  Vulkan, 1968, Privatsammlung

18 Vulkan, 1968, Graphische Sammlung Staatsgalerie Stuttgart

16 Vulkan, 1968, Privatsammlung (nicht ausgestellt)

20  Vulkan, 1968, Privatsammlung

17 Vulkan, 1968, Sammlung Elke und Hans Jörg Uebel

KUGELSCHREIBERBILDER

21 Lofoten, 1967, Privatsammlung

22 Lofoten, 1970, Sammlung Dr. Klaus Kinkel, Baden-Baden

23  Vulkan, 1968, Privatsammlung

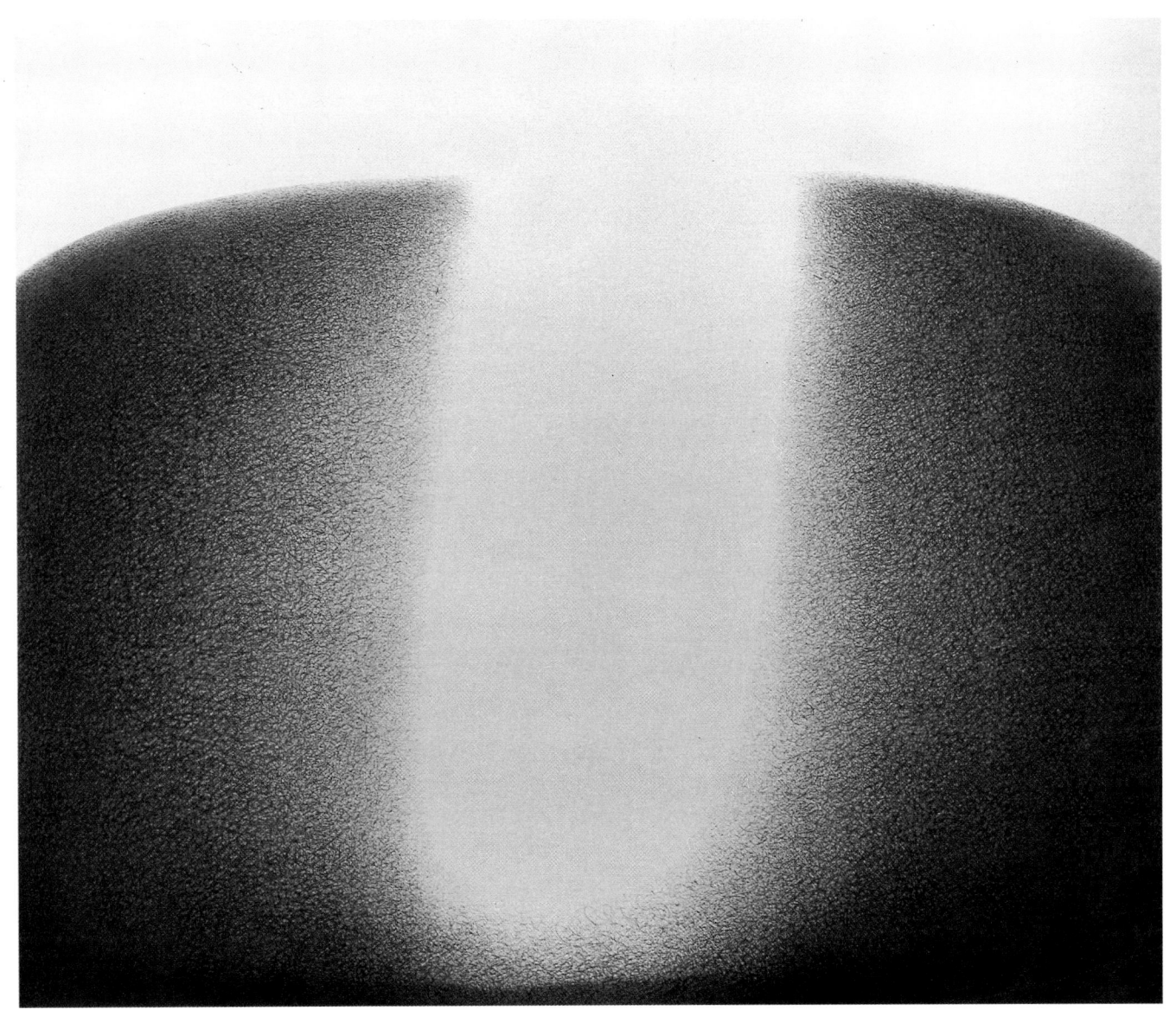

24 Vulkan, 1968, Privatsammlung

25 Vulkan, 1968-69, Sammlung Marianne und Hansfried Defet

30 Wolken, 1971, Privatsammlung Rheinbach

27 Horizont, 1970, Privatbesitz M+WS

28  Horizont, 1970, sammlung SER

Regen, 1971, Privatsammlung (nicht ausgestellt)

43 Windhose, 1974, Privatbesitz M+WS

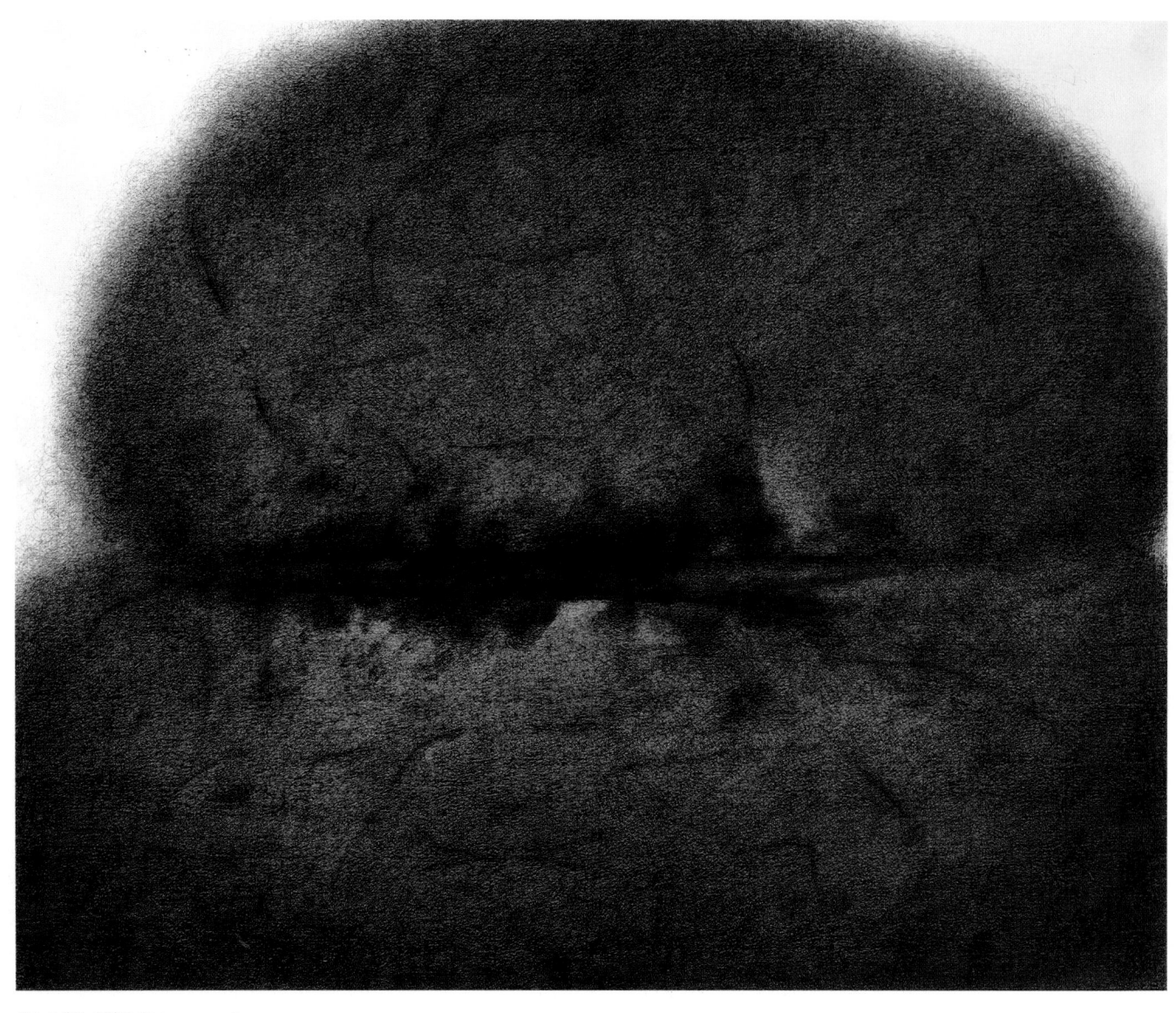

37  4/73, 1973, Privatsammlung

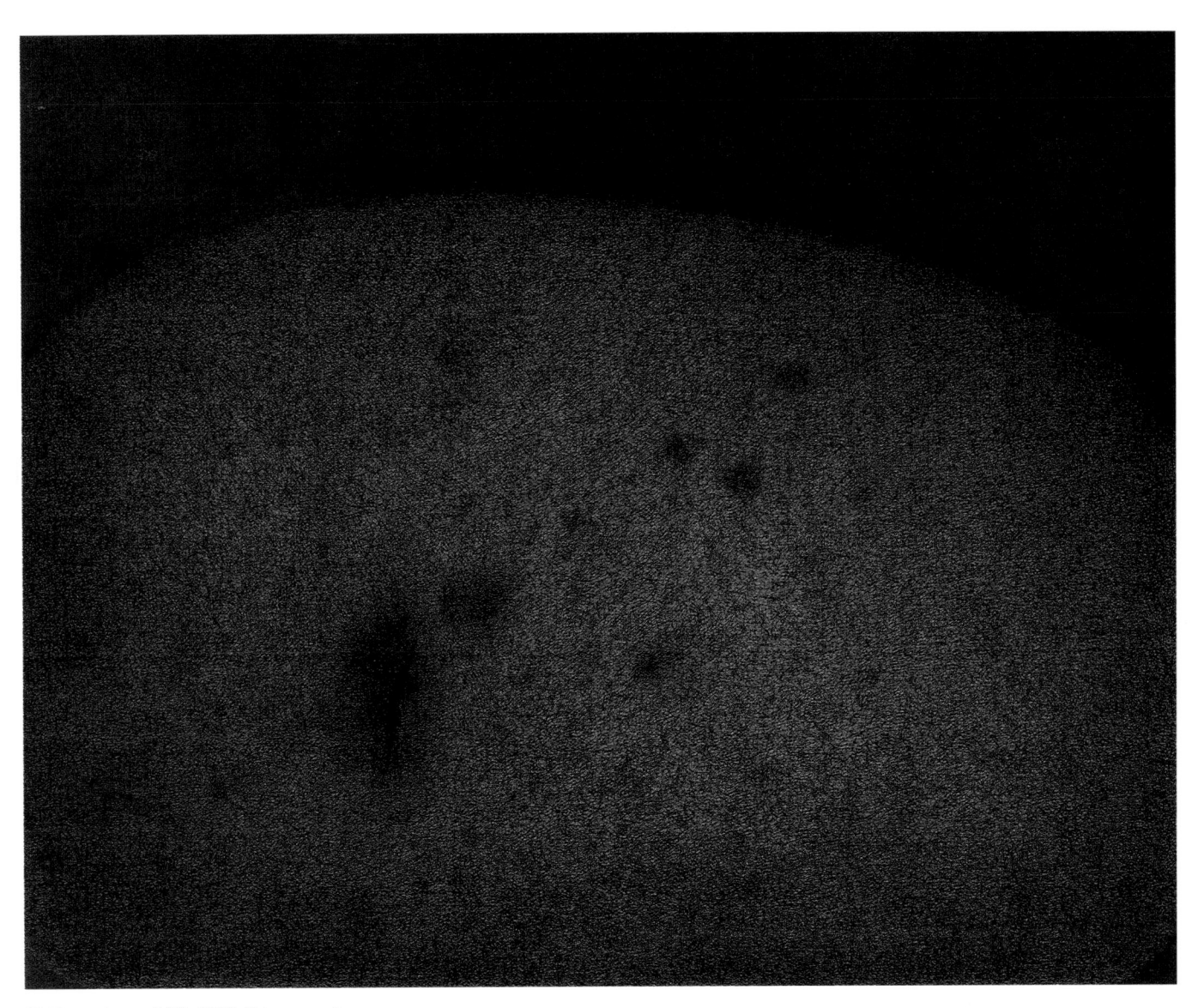

36 Vernarbung 6/73, 1973, Privatsammlung

35 Vernarbung 5/73, 1973, Privatsammlung Freiburg im Breisgau

34 Vernarbung 4/73, 1973, Sammlung Marianne und Hansfried Defet

32 Vernarbung 2/72, 1972, Privatsammlung

33  Vernarbung 2/73, 1973, Besitz des Künstlers

38 Kopf 6/73 (für Antes), 1973, Kunsthalle Nürnberg

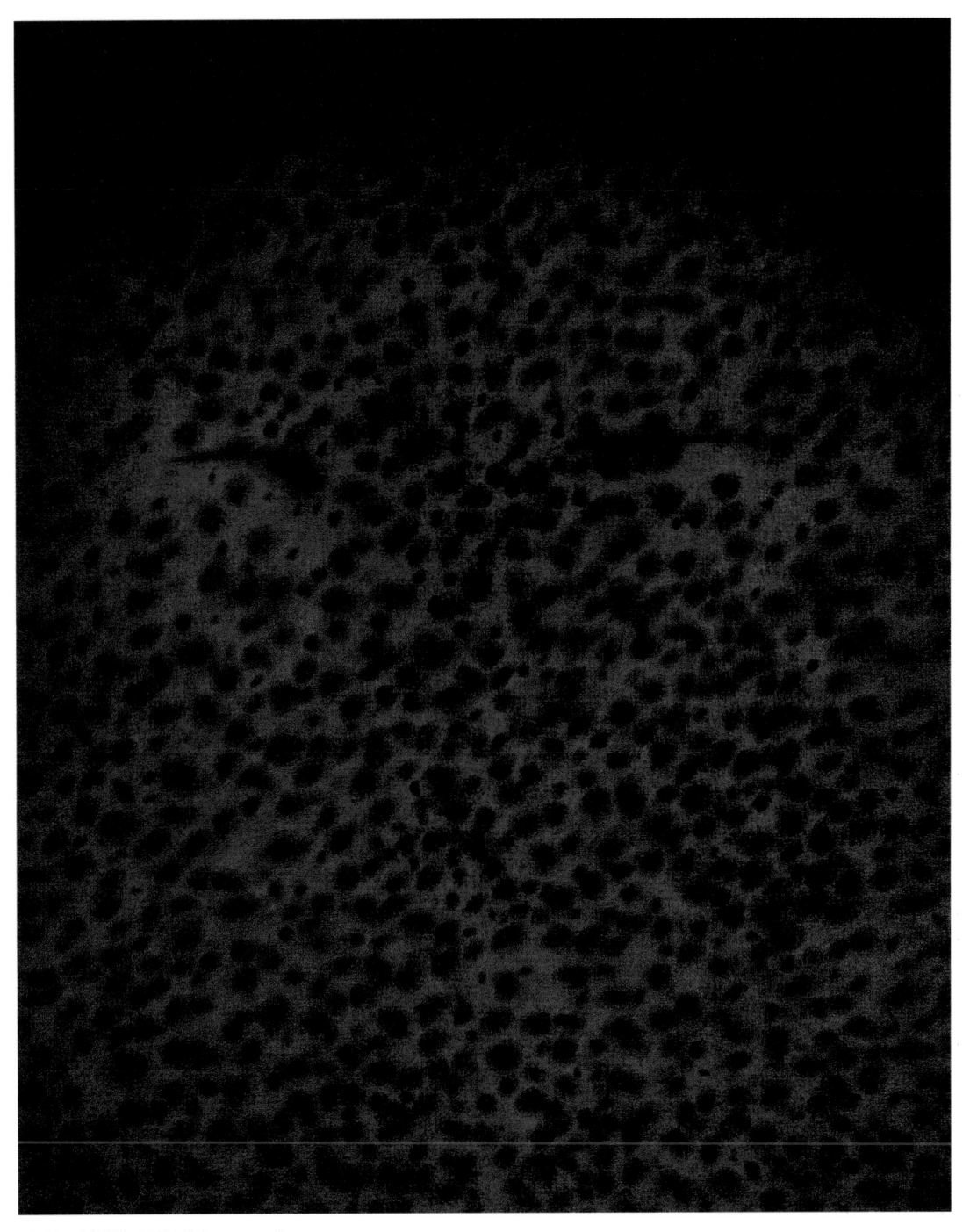

41 Kopf 2/76, 1976, Privatsammlung

40 Kopf 17/75, 1975, Privatsammlung

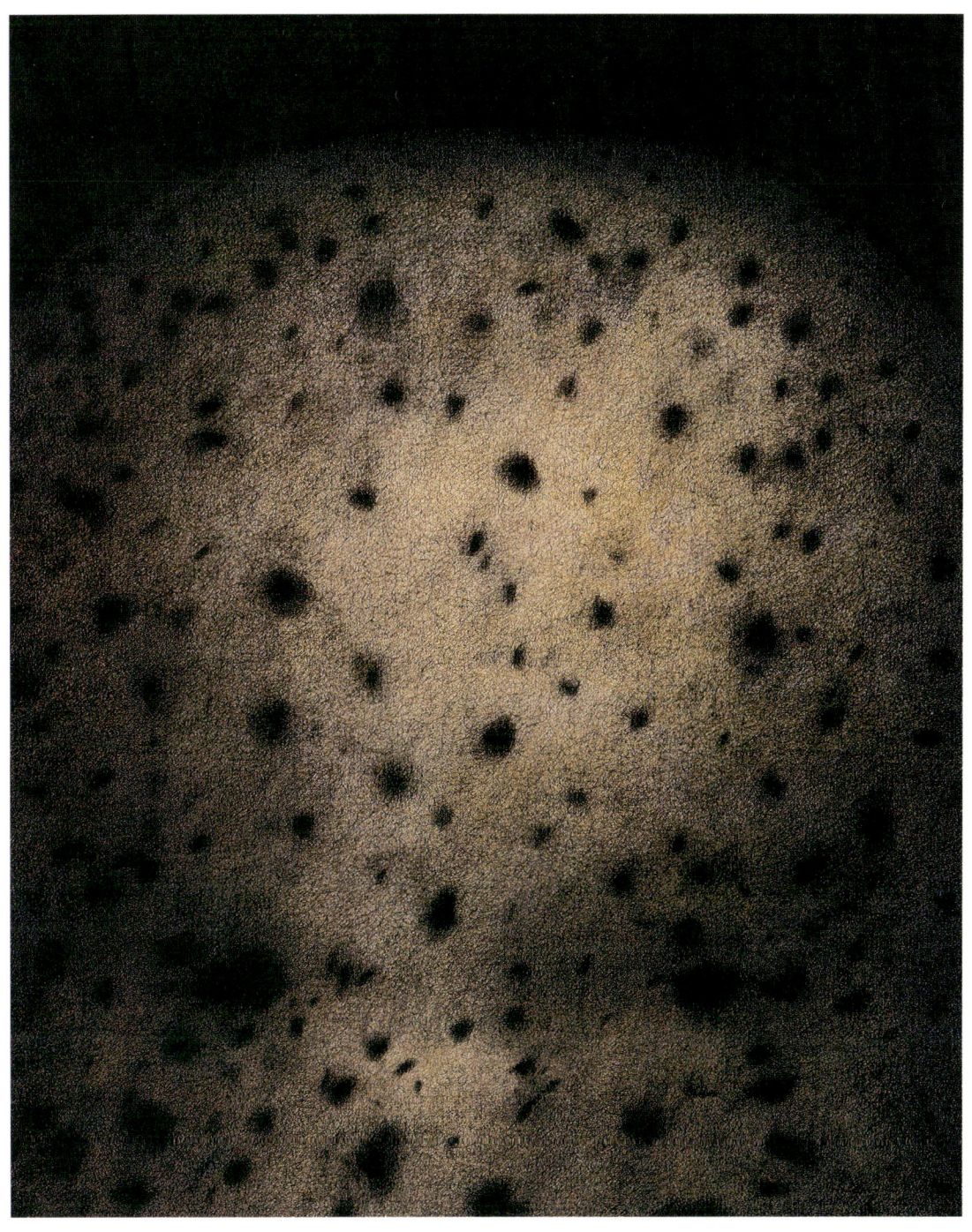

39 Kopf 15/75, 1975, Sammlung Marianne und Hansfried Defet

42 Kopf 3/76, 1976, Sammlung Prof. Dr. Böcker, Bayreuth

KÖPFE, GEZEICHNET, GERISSEN, GEBRANNT

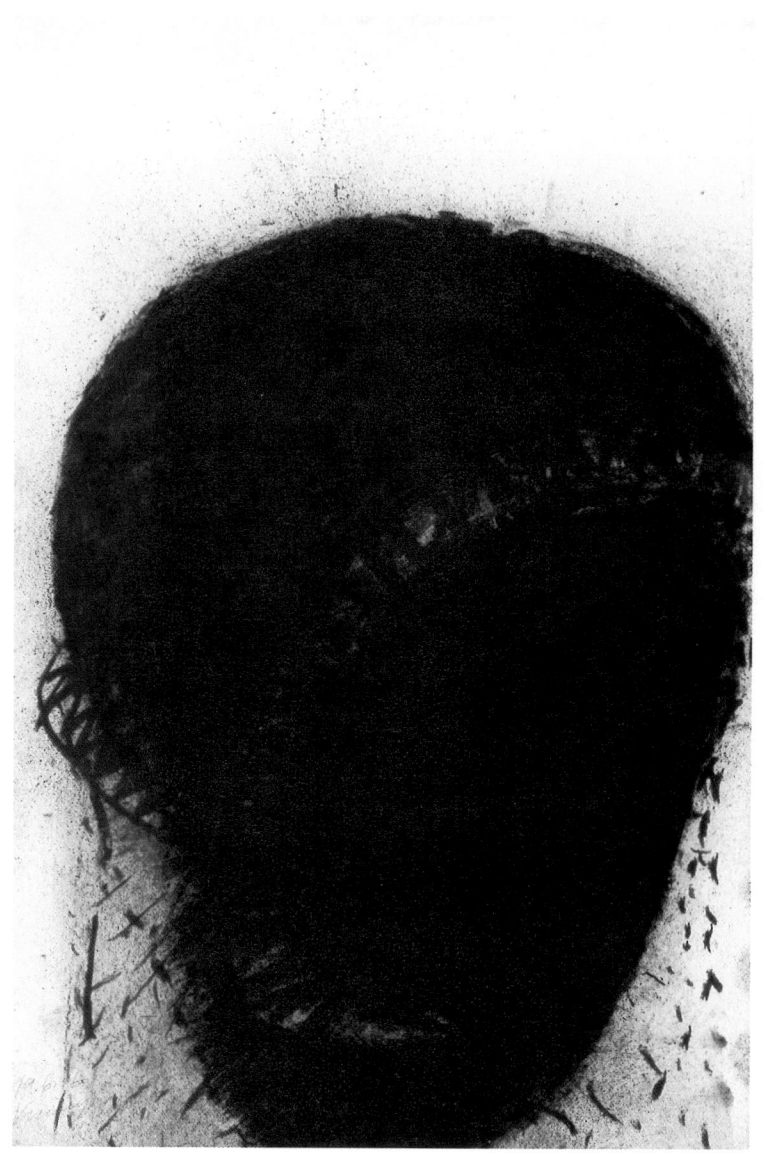

44  Kopf 19.6.76, 1976, Privatsammlung

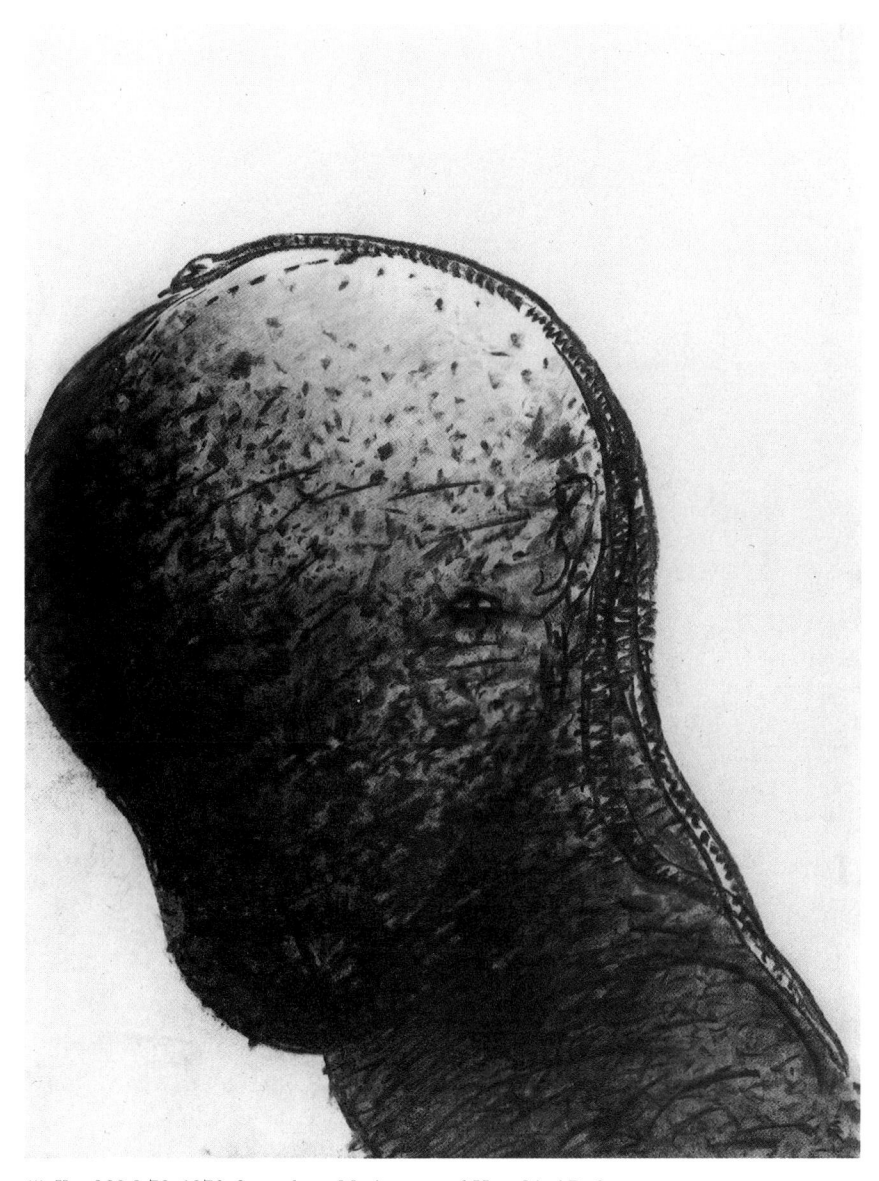

45  Kopf 30.9.76, 1976, Sammlung Marianne und Hansfried Defet

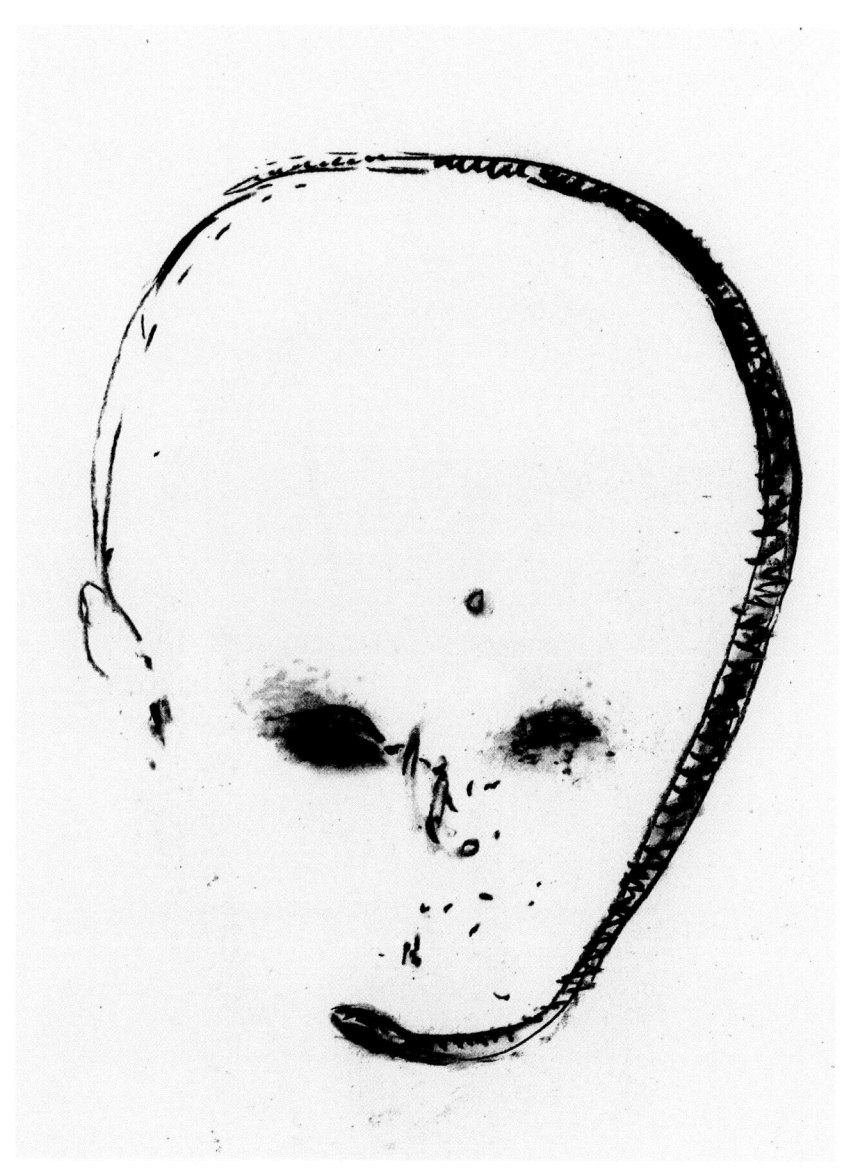

46  Kopf 2.10.76, 1976, Privatbesitz M+WS

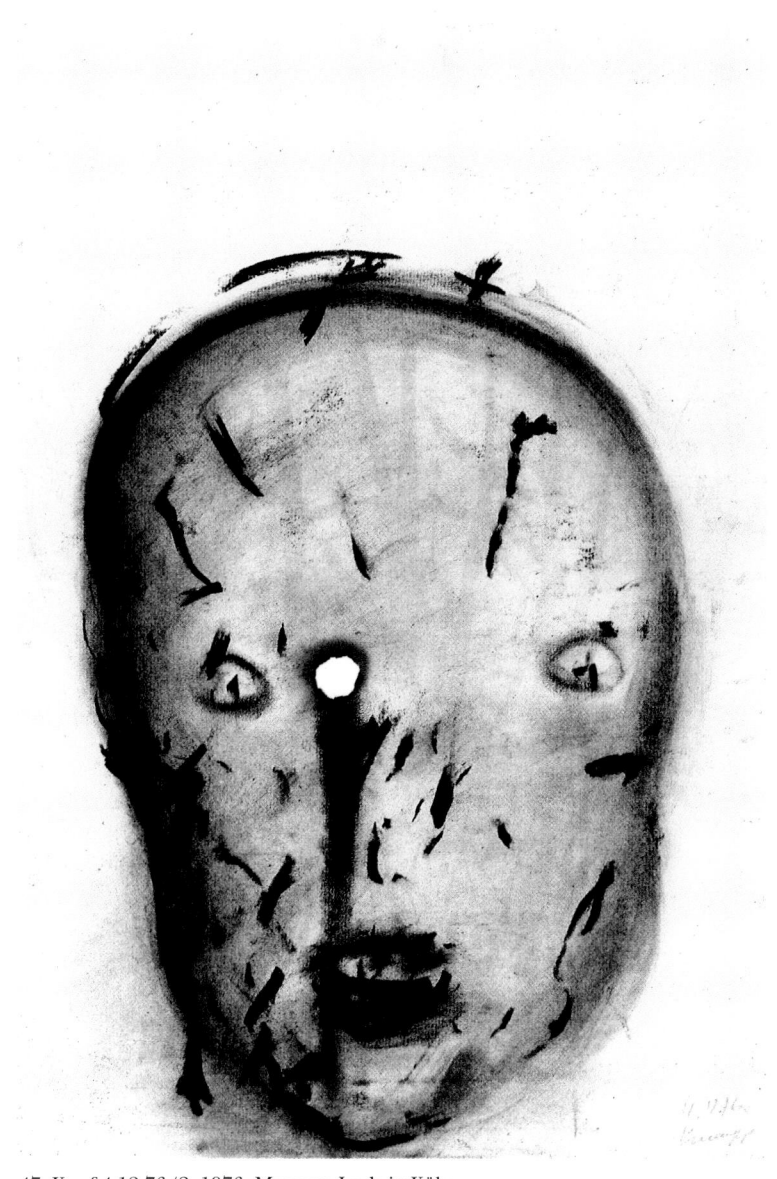

47  Kopf 4.12.76/2, 1976, Museum Ludwig Köln

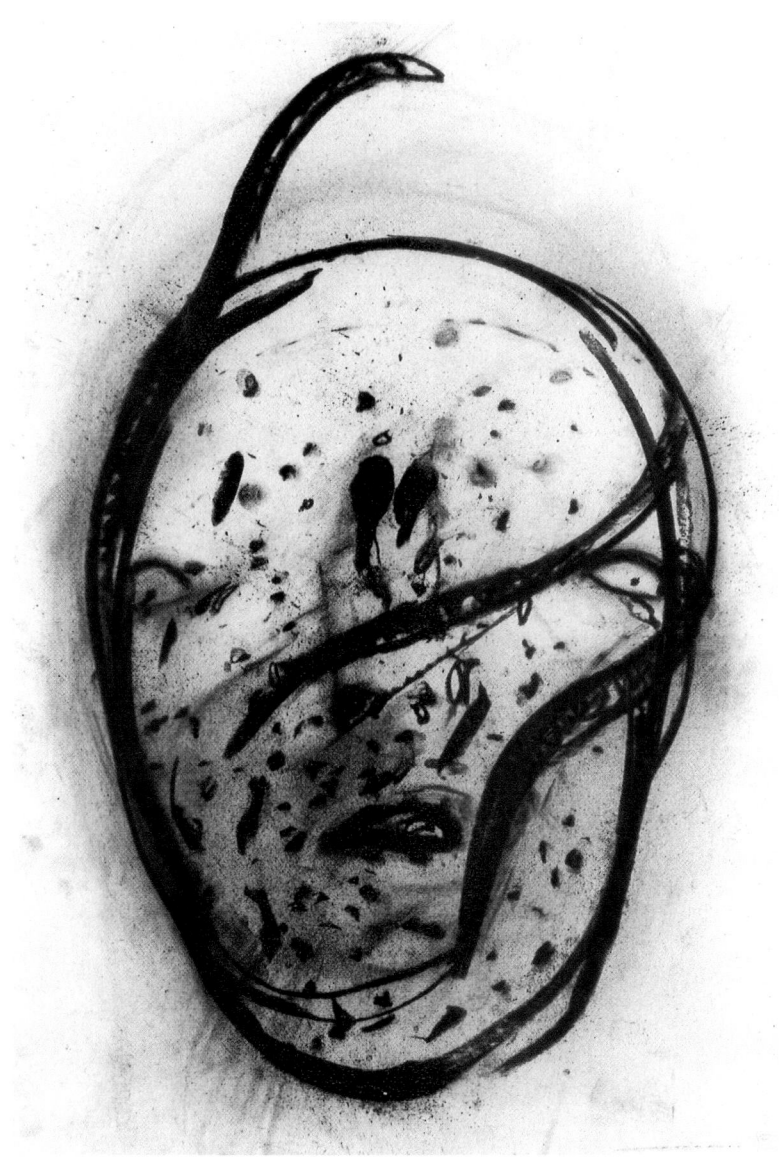

48  Kopf 5.12.76/2, 1976, Sammlung Dr. med. habil. Thomas Bronisch, München

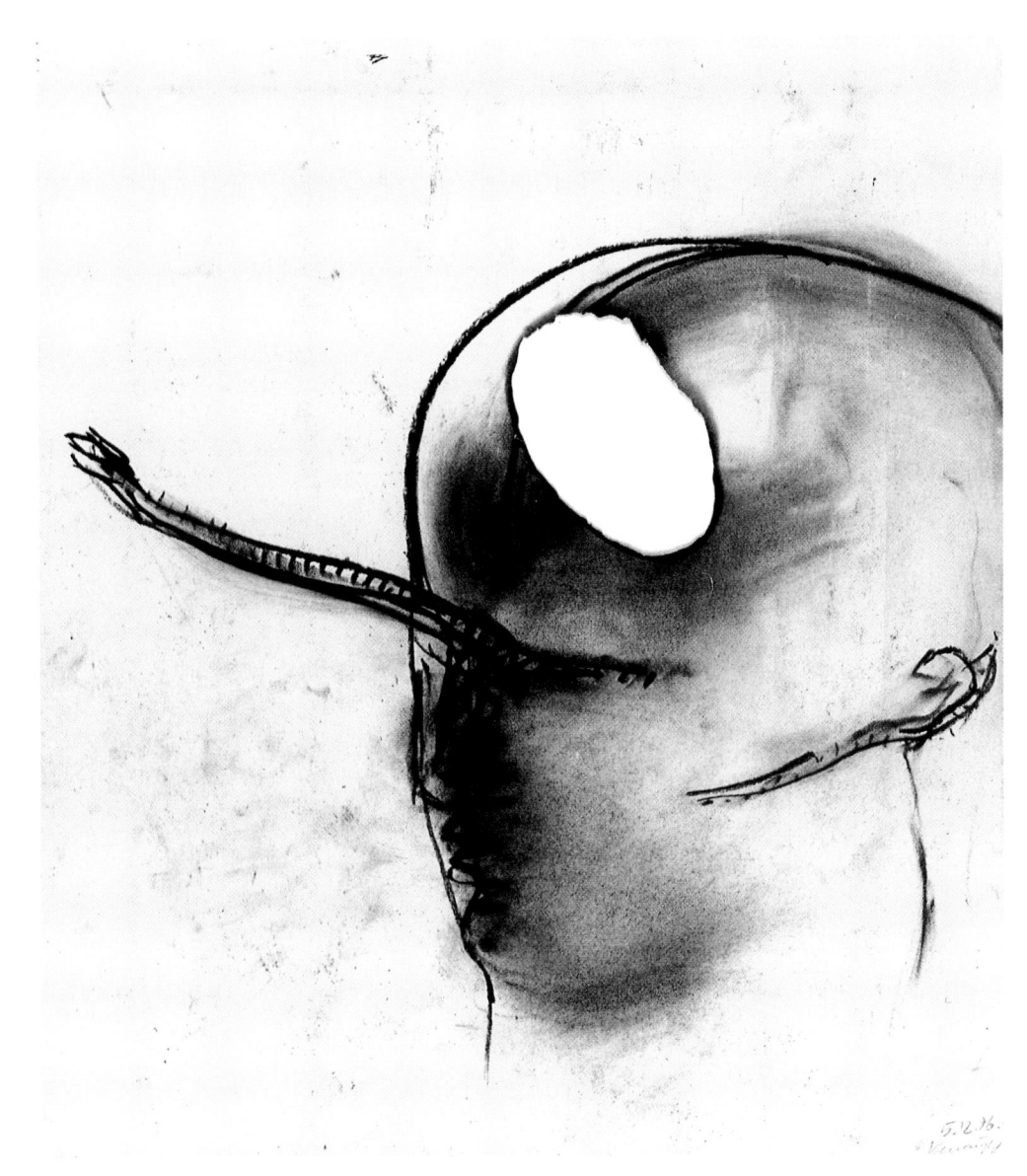

49  Kopf 5.12.76/4, 1976, Sammlung M. Porst

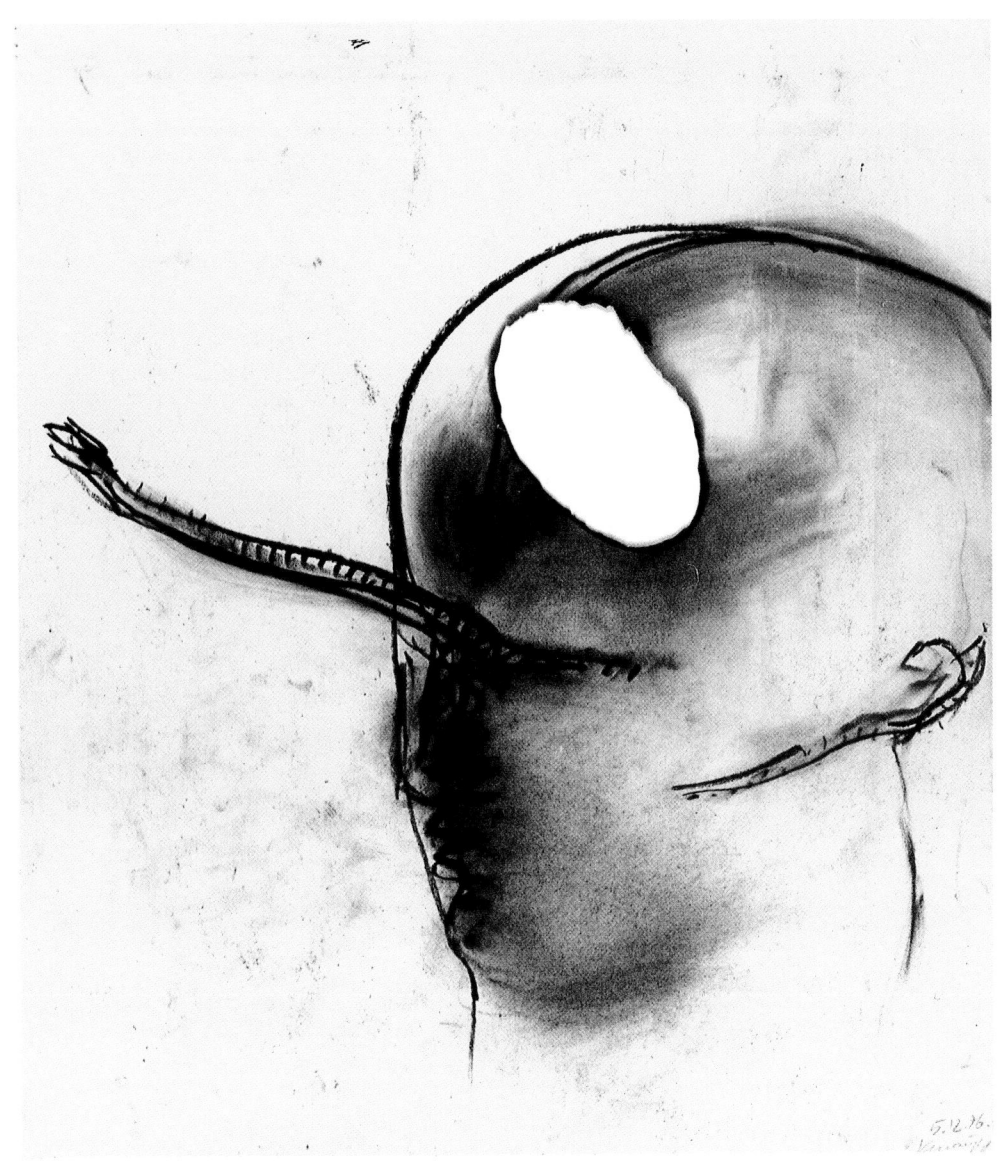

49  Kopf 5.12.76/4, 1976, Sammlung M. Porst

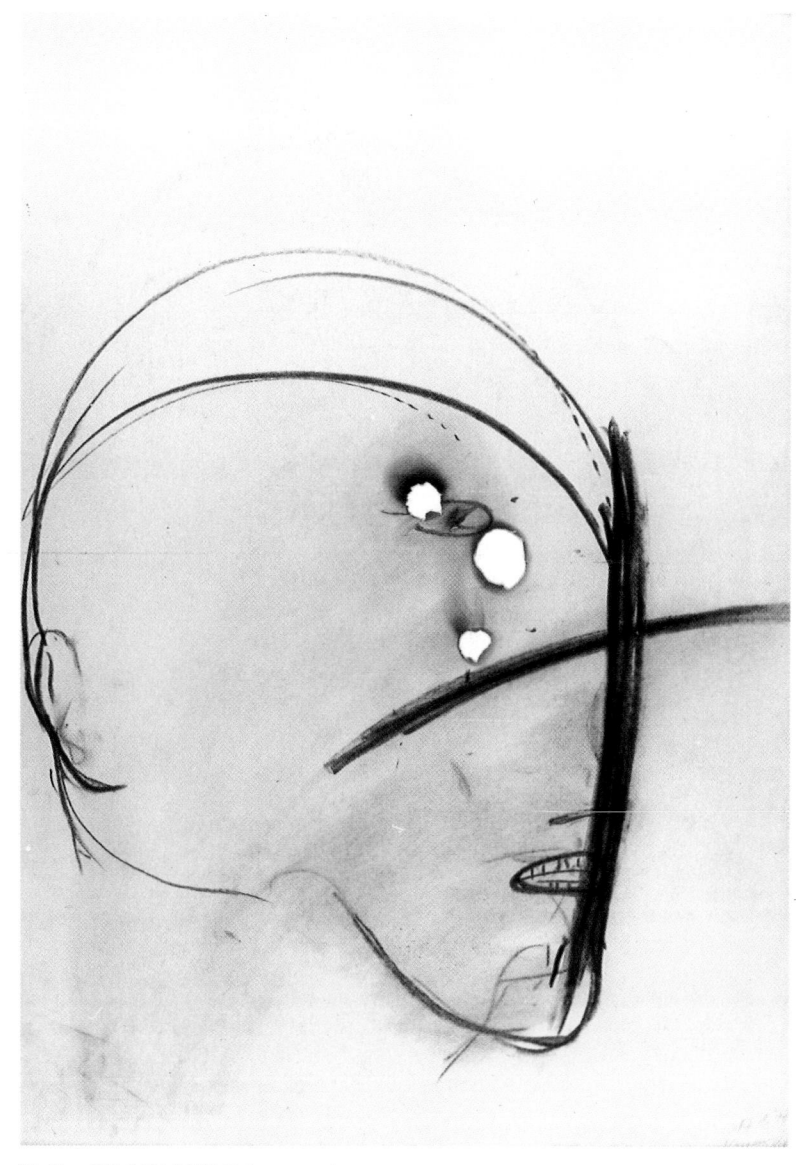

53 Kopf 17.1.77, 1977, Privatsammlung

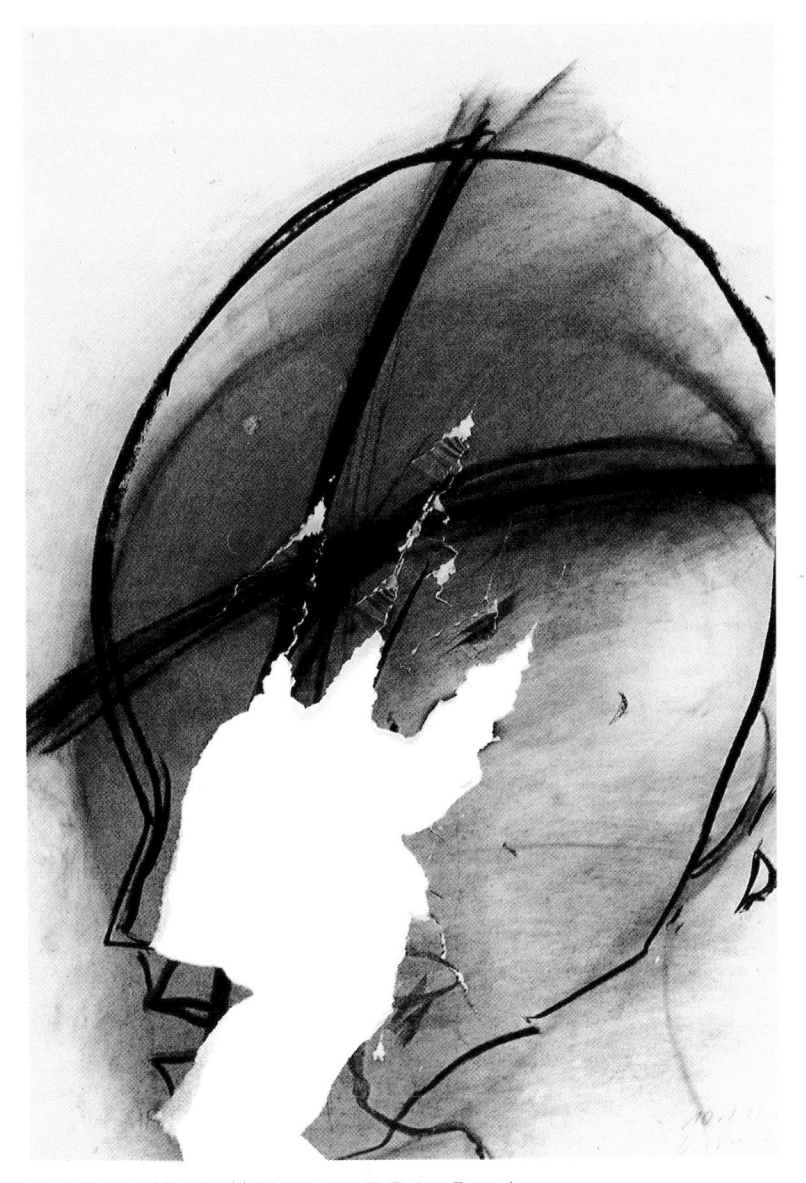

58 Kopf 10.2.77/2, 1977, Sammlung K. Bröer, Peunting

54  Kopf 19.1.77, 1977, Privatsammlung

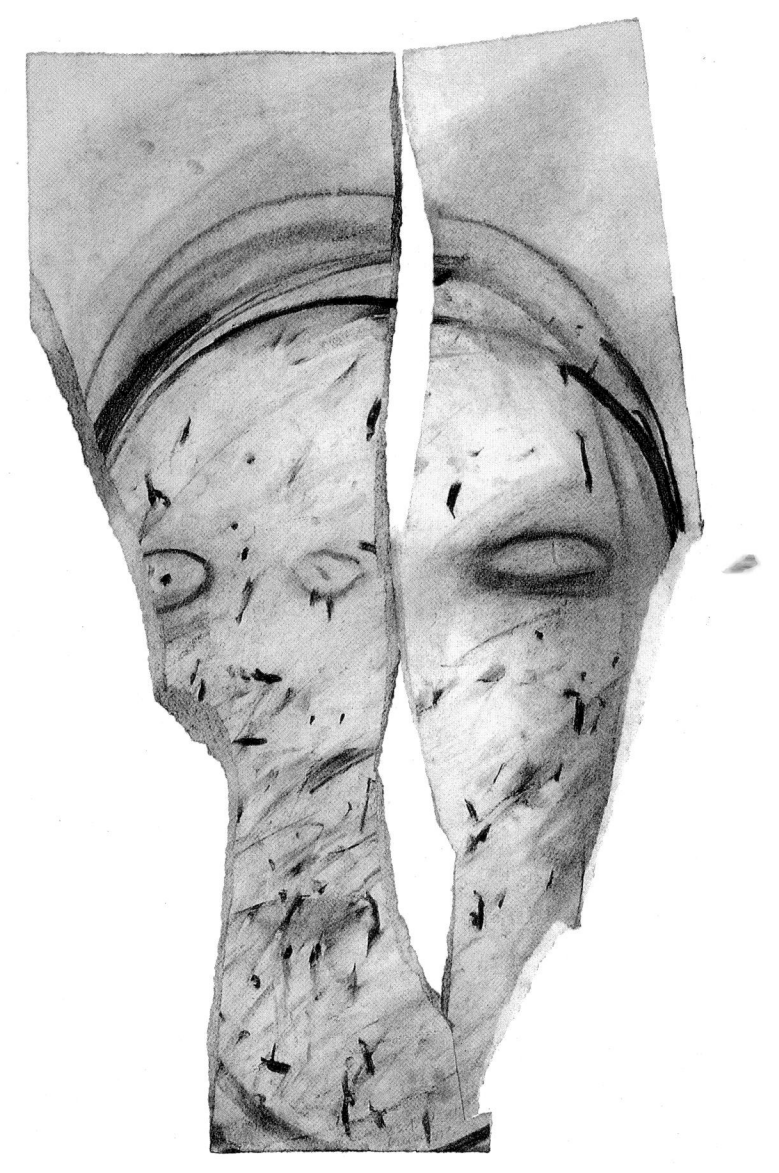

56 Kopf 23.1.77, 1977, Privatsammlung Bremen

51 Kopf 4.1.77, 1977, Sammlung Claude Sui-Bellois

55  Kopf 21.1.77, 1977, Sammlung Maria Rothe, Frankfurt am Main

ZEICHNUNGEN AUS DEM NERVENKRANKENHAUS BAYREUTH

59 NKH Bayreuth 24.8.77, 1977, Sammlung der Stadt Bayreuth

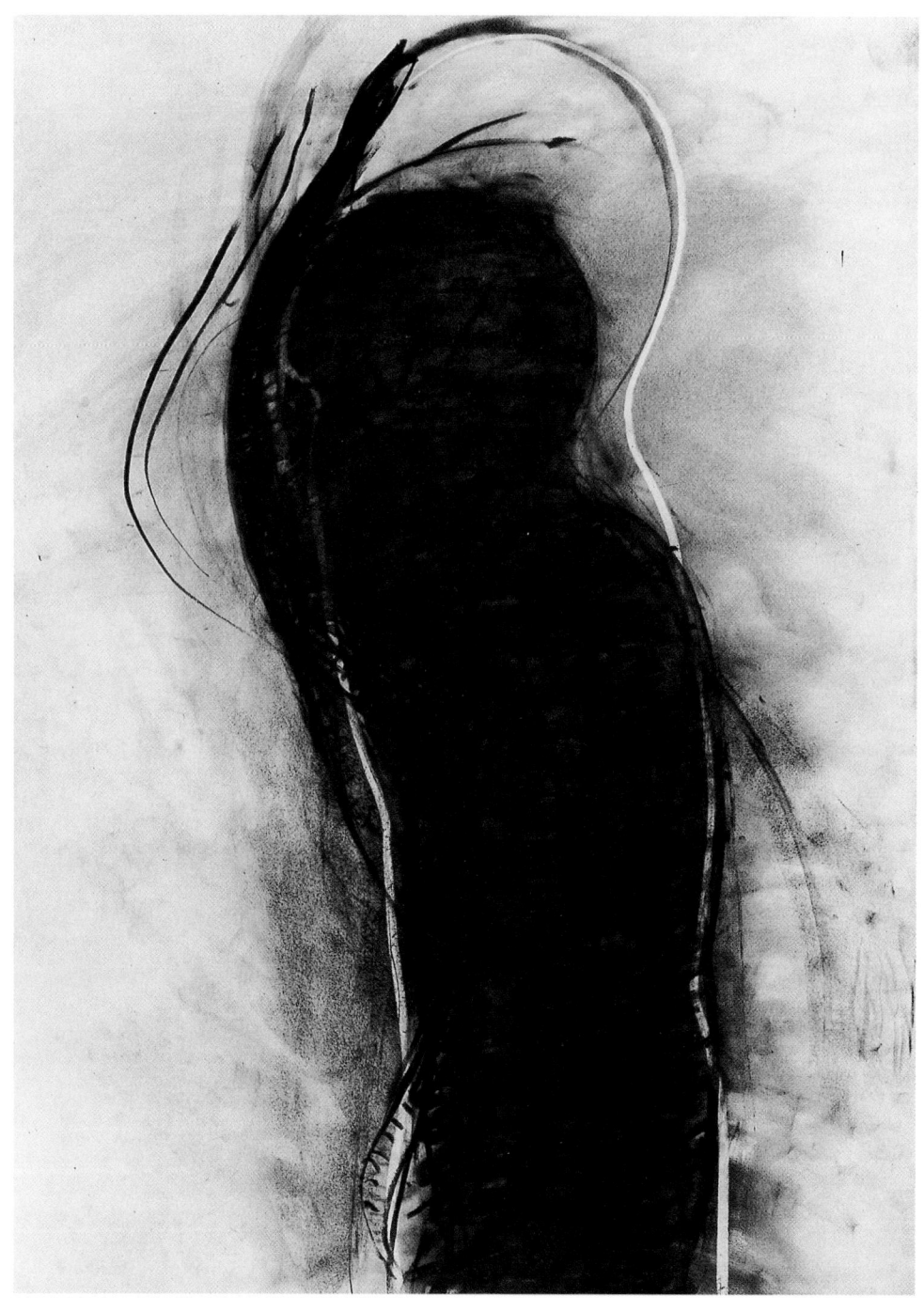

60  NKH Bayreuth 27.8.77, 1977, Sammlung Marianne und Hansfried Defet

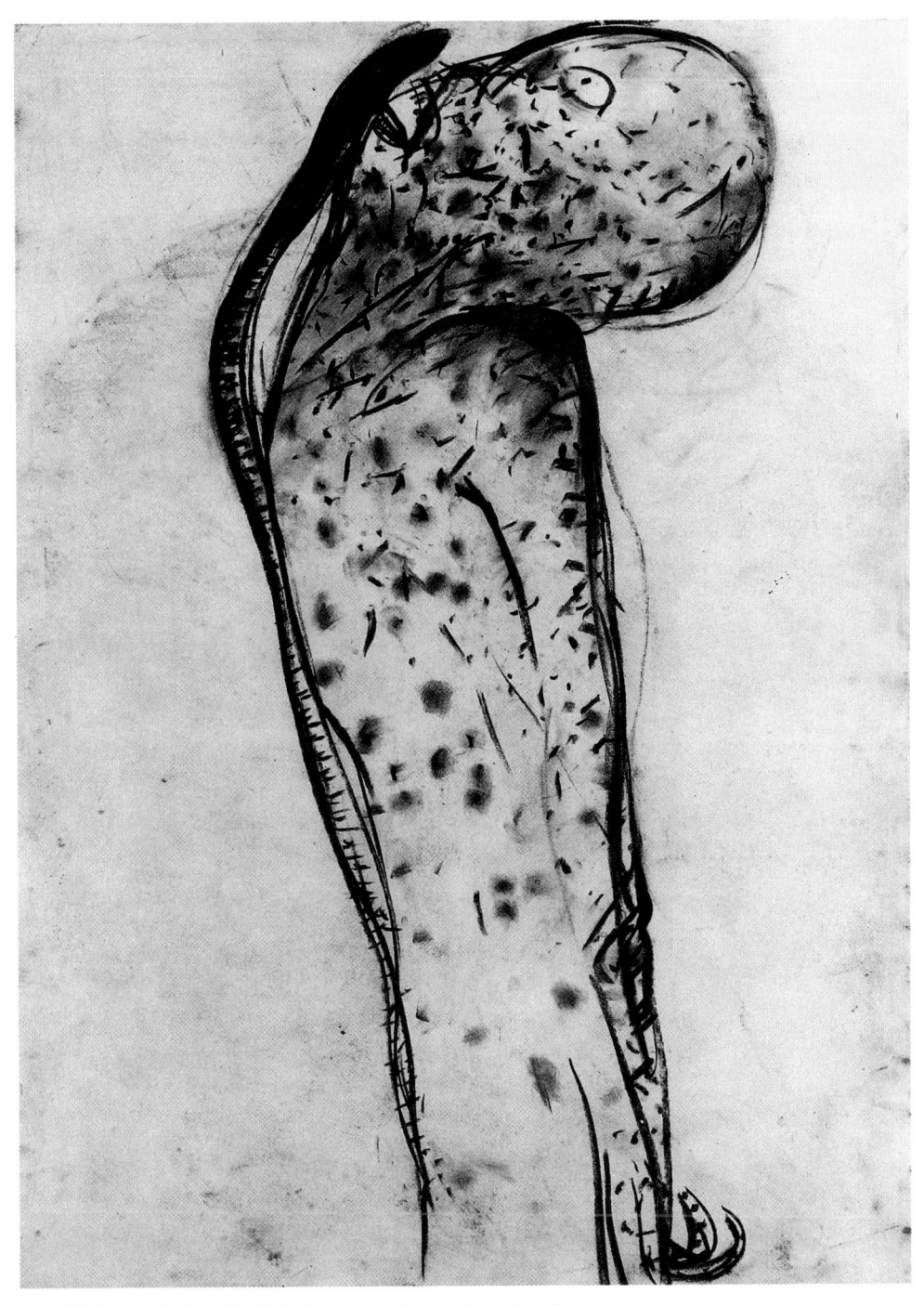

62 NKH Bayreuth 20.9.77, 1977, Sammlung Gangla, Düsseldorf

61 NKH Bayreuth 16.9.77, 1977, Privatsammlung

66  NKH Bayreuth 3.1.78, 1978, Privatsammlung

70 NKH Bayreuth 22.3.78, 1978, Privatsammlung

69  NKH Bayreuth 17.1.78, 1978, Galerie Bernd Lutze, Friedrichshafen

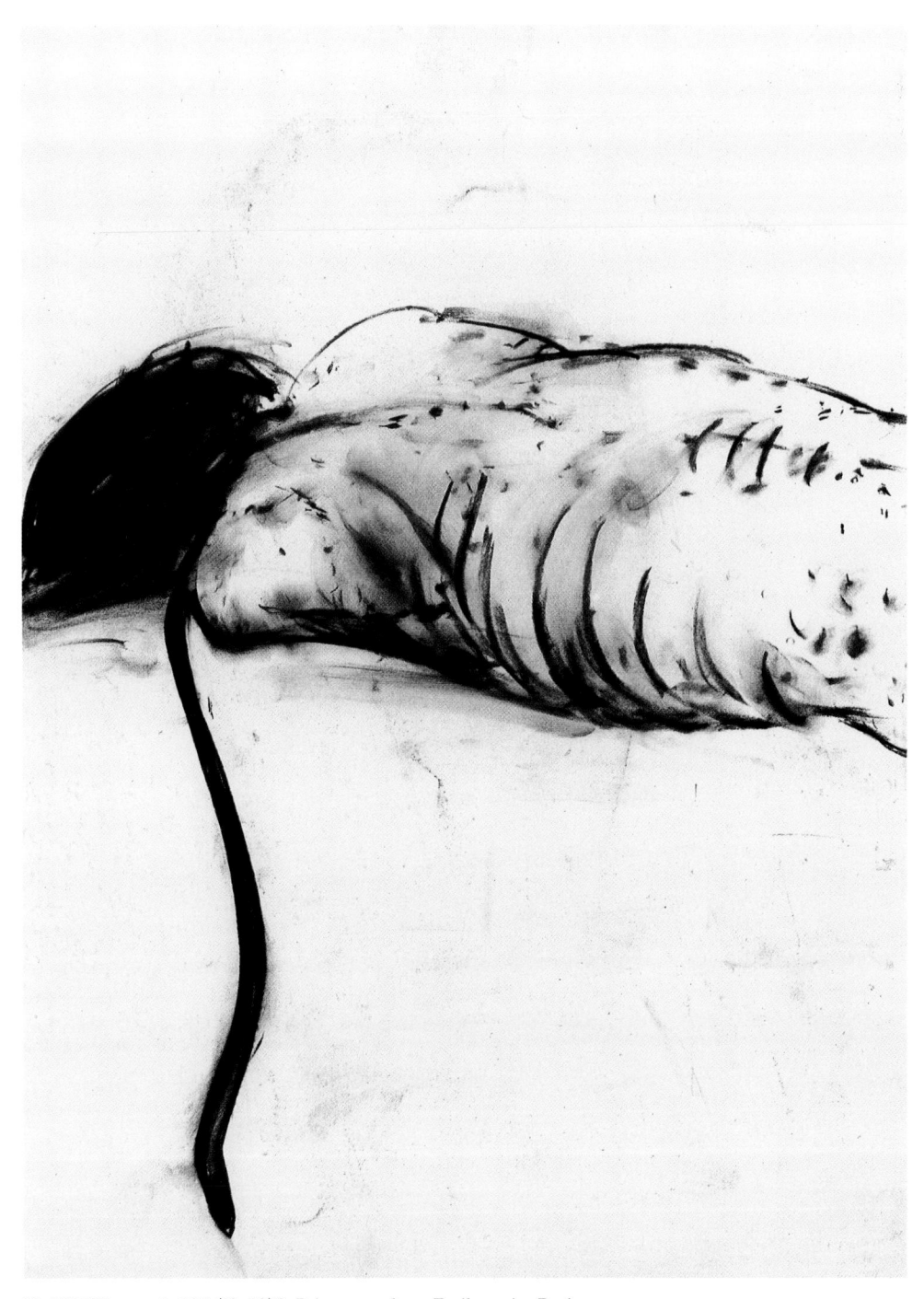

68 NKH Bayreuth 10.1.78, 1978, Privatsammlung Freiburg im Breisgau

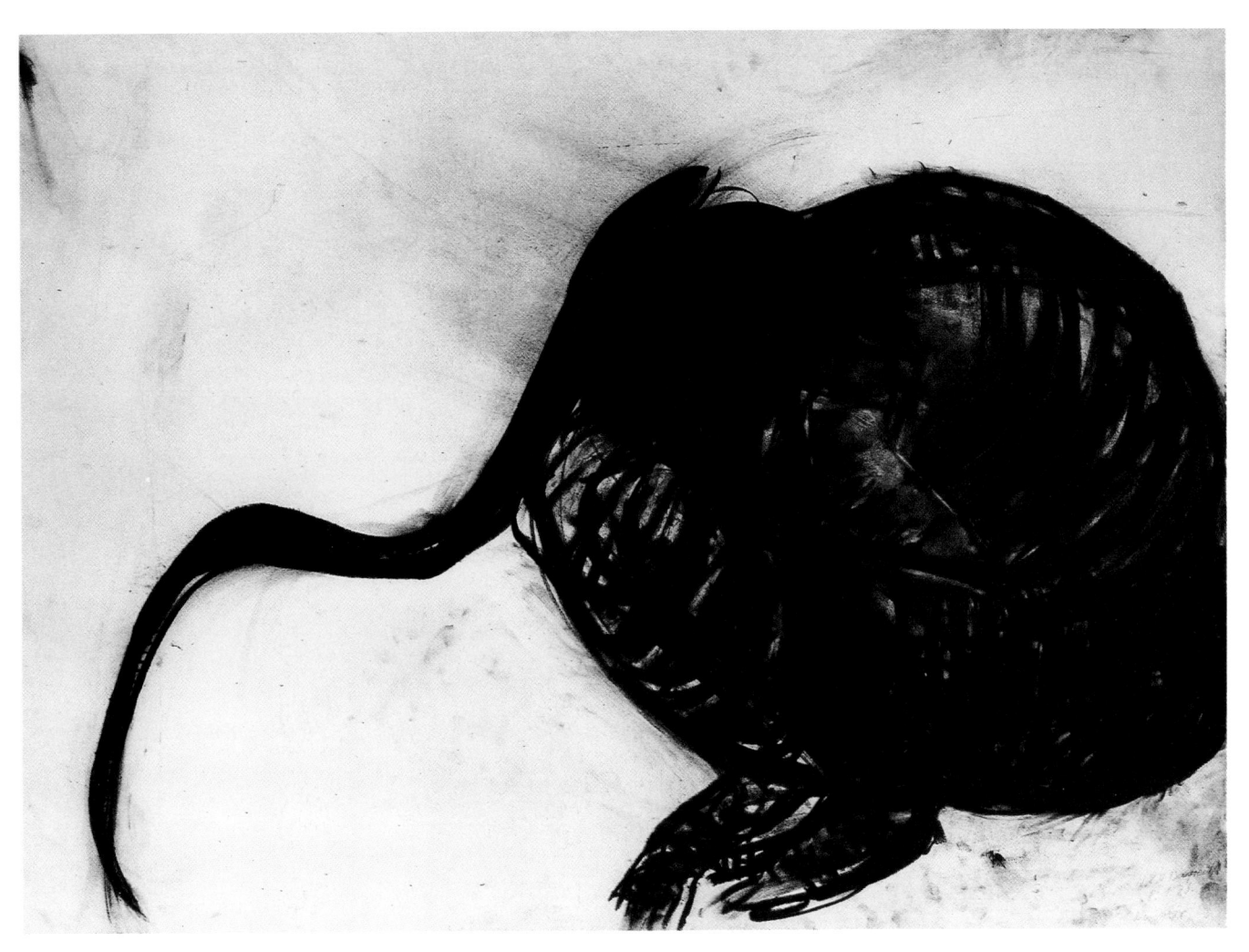

67  NKH Bayreuth 8.1.78, 1978, Privatsammlung

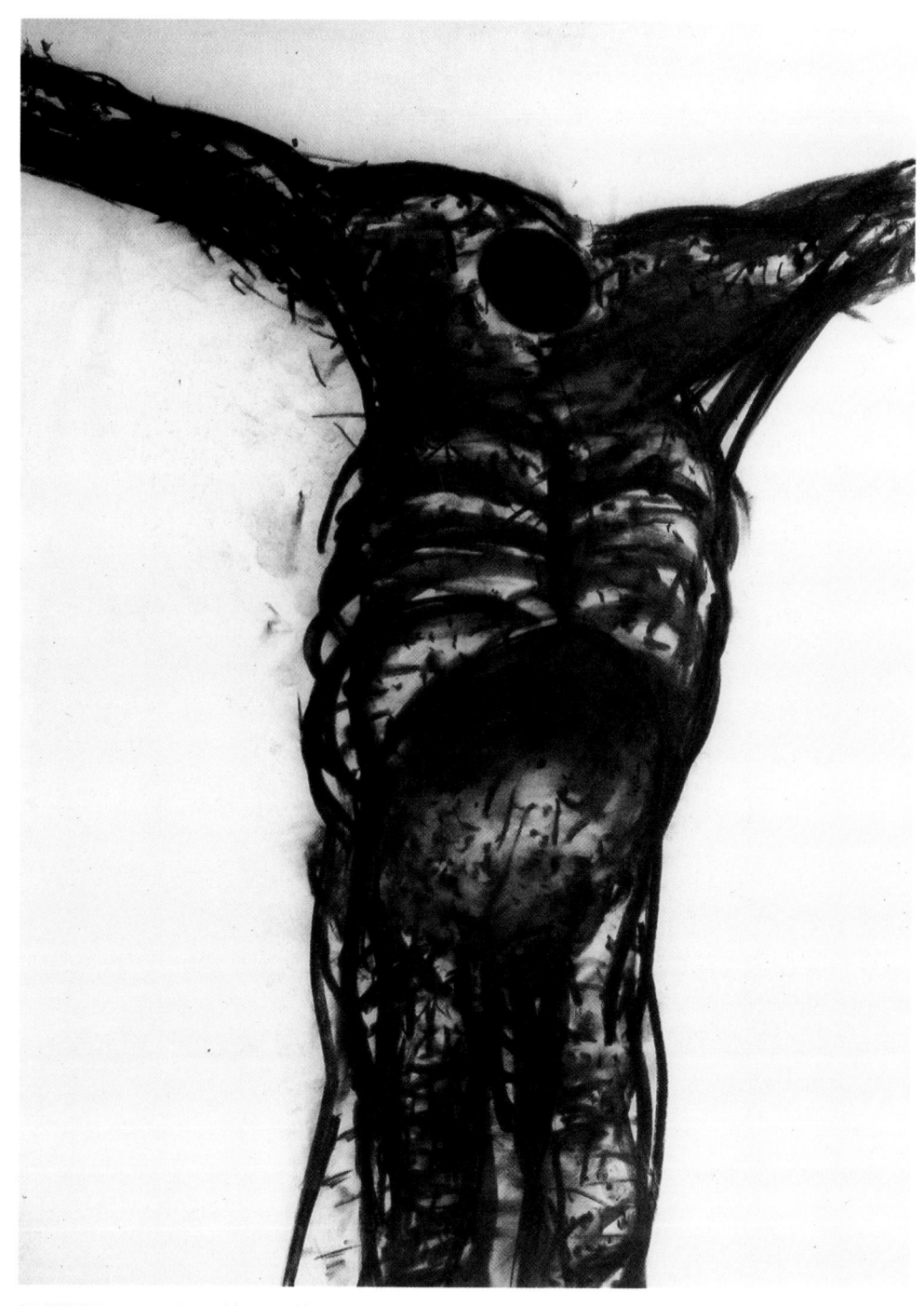

65 NKH Bayreuth 24.11.77/2, 1977, Städtische Galerie Erlangen

64 NKH Bayreuth 21.10.77, 1977, Sammlung Marianne und Hansfried Defet

72  NKH Bayreuth 6.10.78, 1978, Städtische Galerie im Lenbachhaus, München

# KREUZWEG I UND II

73 NKH Bayreuth 22.9.77, Kreuzweg I, 1977–1979, Kunsthalle Nürnberg

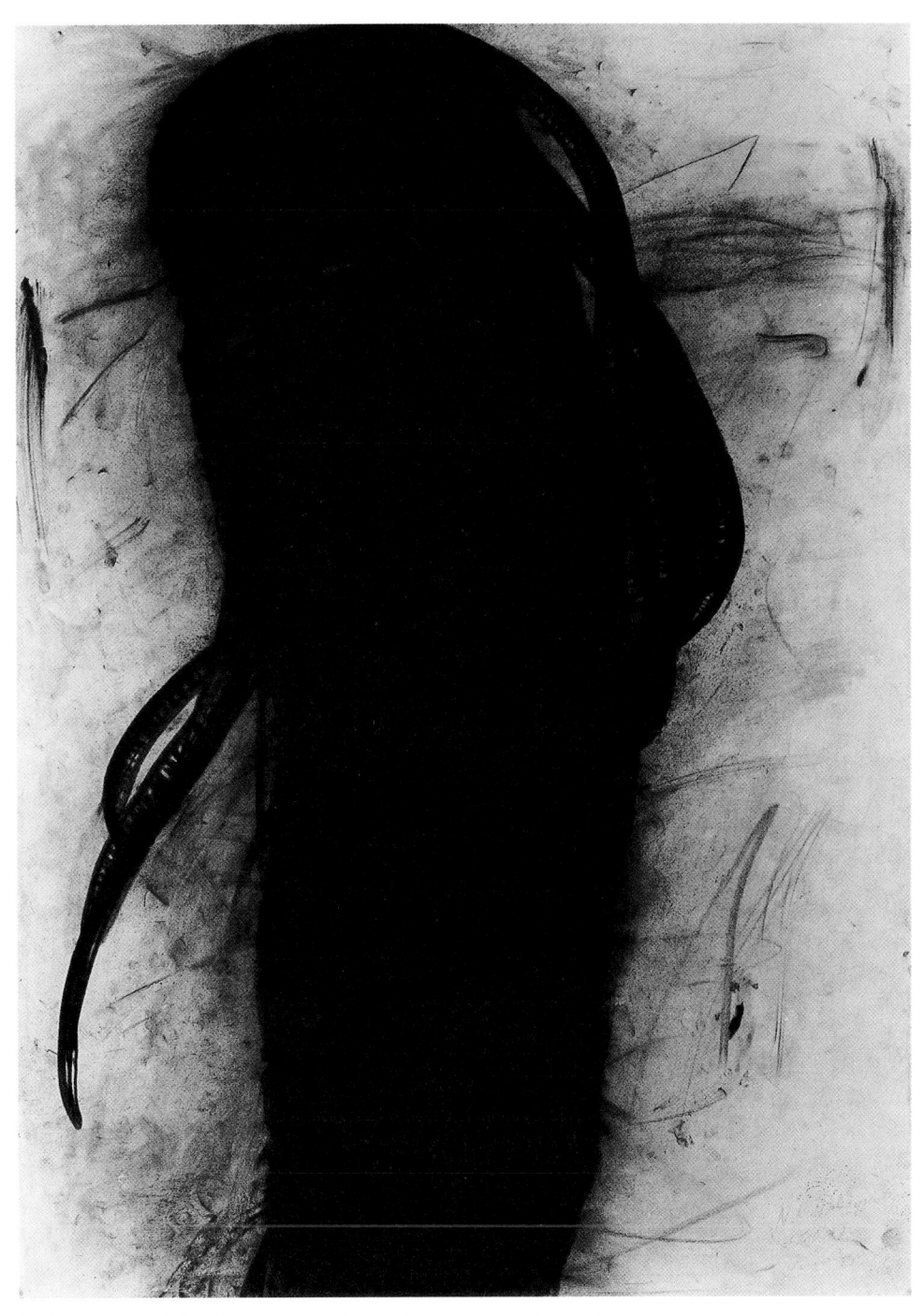

73 NKH Bayreuth 1.10.77, Kreuzweg I, 1977–1979, Kunsthalle Nürnberg

73  NKH Bayreuth 8.2.78, Kreuzweg I, 1977–1979, Kunsthalle Nürnberg

73  NKH Bayreuth 27.2.78, Kreuzweg I, 1977–1979, Kunsthalle Nürnberg

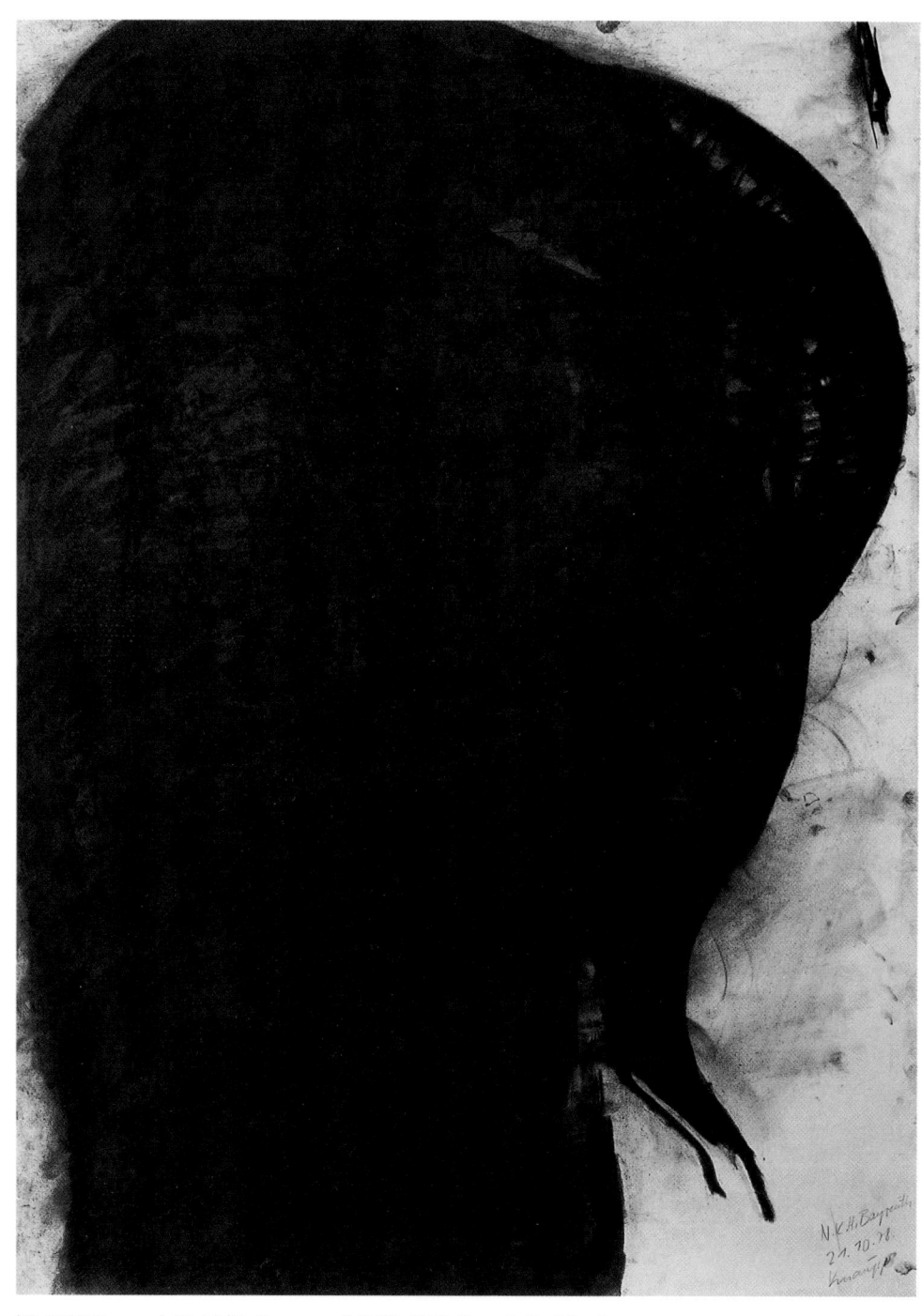

73 NKH Bayreuth 21.10.78, Kreuzweg I, 1977–1979, Kunsthalle Nürnberg

73  NKH Bayreuth 11.1.78, Kreuzweg I, 1977–1979, Kunsthalle Nürnberg

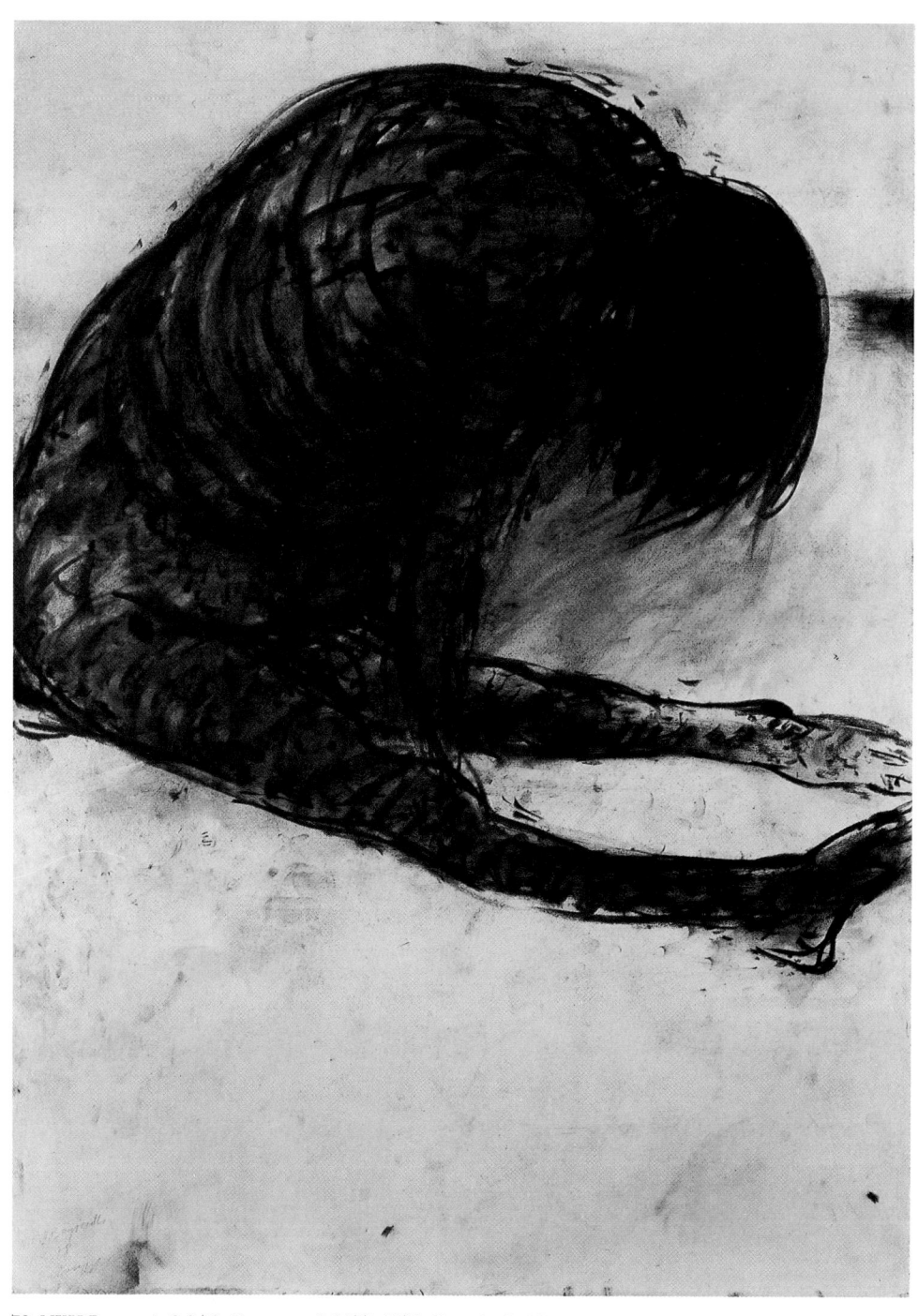

73  NKH Bayreuth 9.3.78, Kreuzweg I, 1977–1979, Kunsthalle Nürnberg

73 NKH Bayreuth 23.2.78, Kreuzweg I, 1977–1979, Kunsthalle Nürnberg

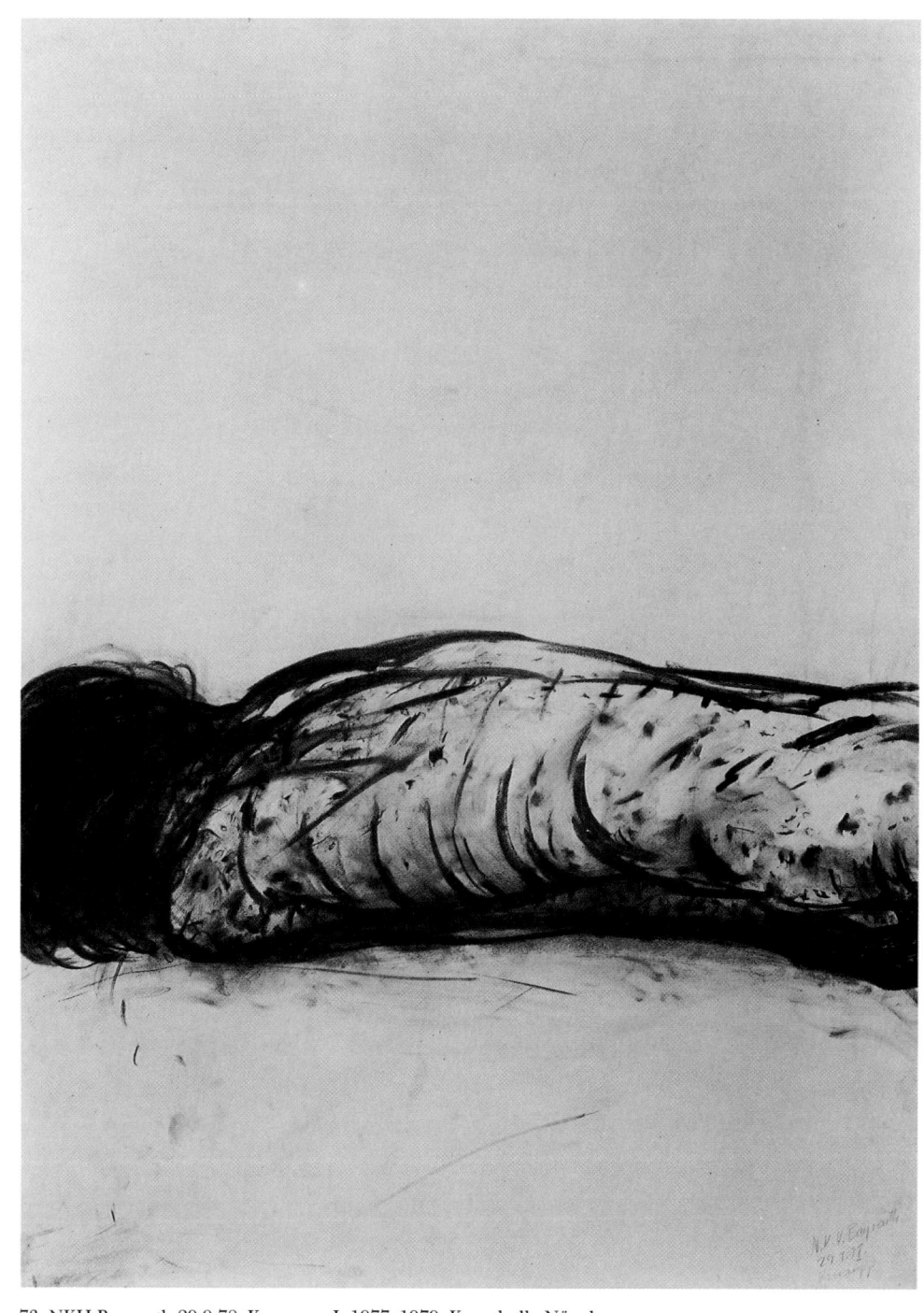

73 NKH Bayreuth 29.9.78, Kreuzweg I, 1977–1979, Kunsthalle Nürnberg

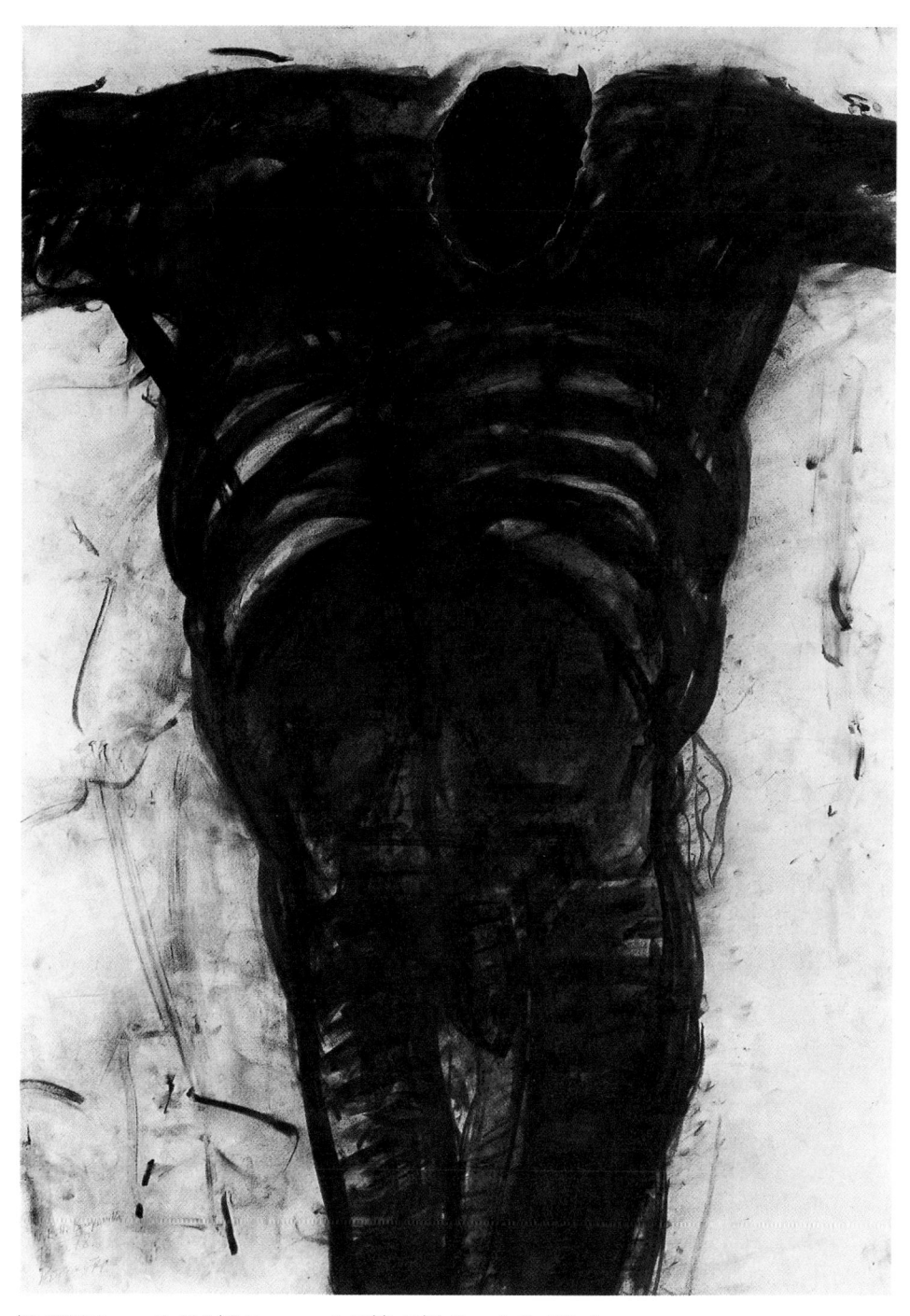

73  NKH Bayreuth 11.3.78, Kreuzweg I, 1977–1979, Kunsthalle Nürnberg

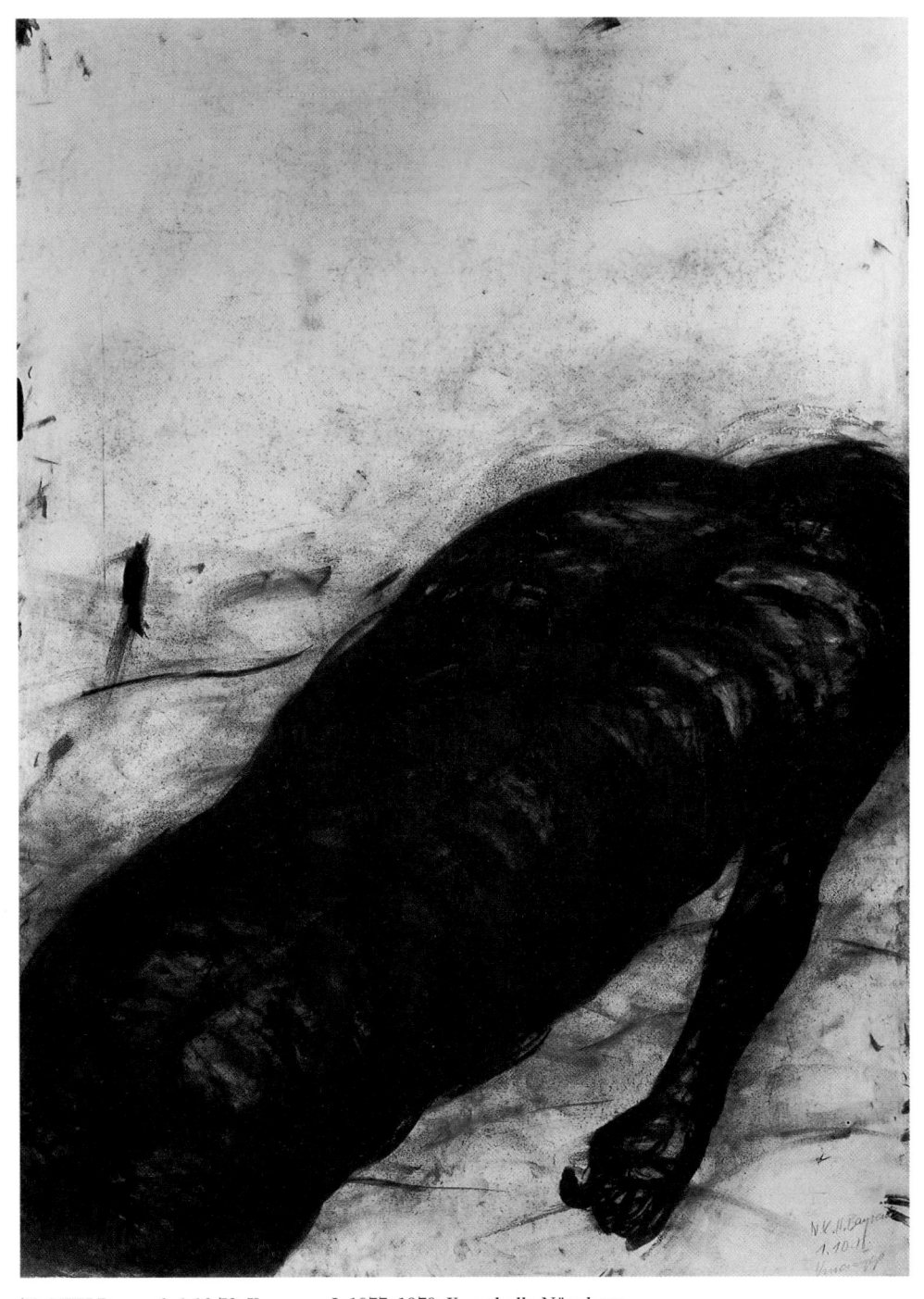

73 NKH Bayreuth 1.10.78, Kreuzweg I, 1977–1979, Kunsthalle Nürnberg

73 NKH Bayreuth 1.5.79, Kreuzweg I, 1977–1979, Kunsthalle Nürnberg

73  Kopf 30.8.79, Kreuzweg I, 1977–1979, Kunsthalle Nürnberg

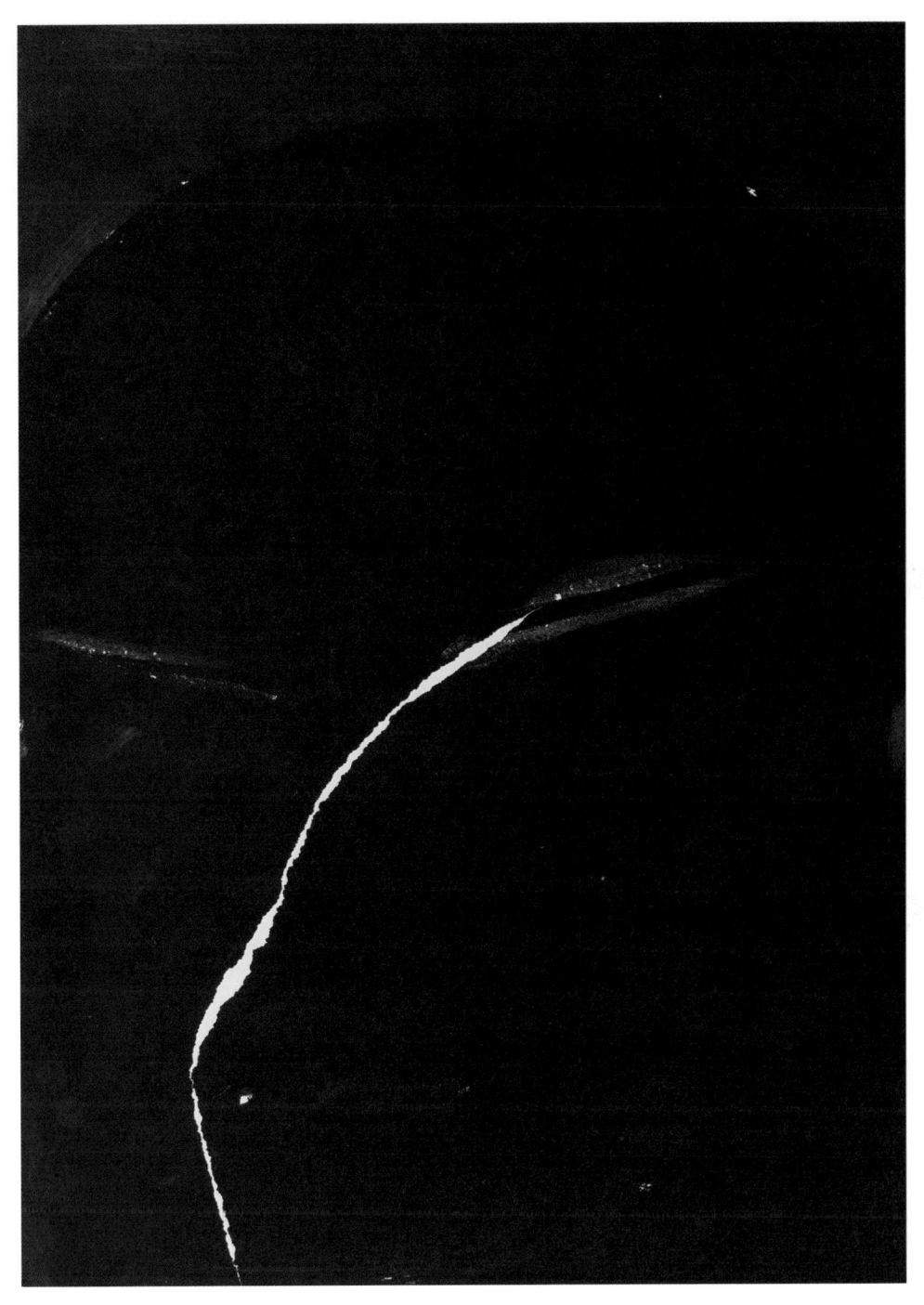

73 Kopf 1.10.79, Kreuzweg I, 1977–1979, Kunsthalle Nürnberg

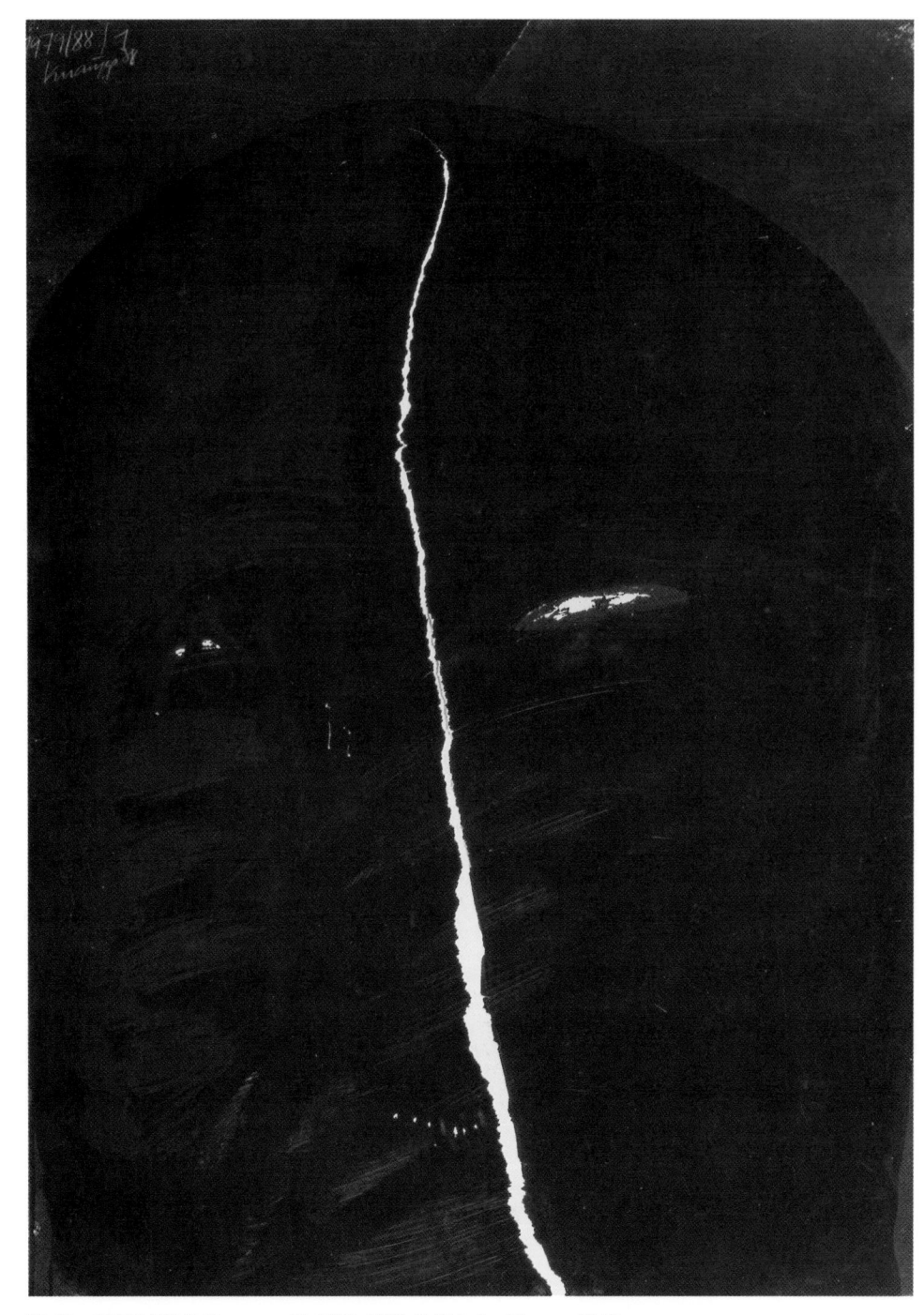

74 Kopf 1979/88/1, Kreuzweg II, 1979–1988, Städtische Museen Heilbronn

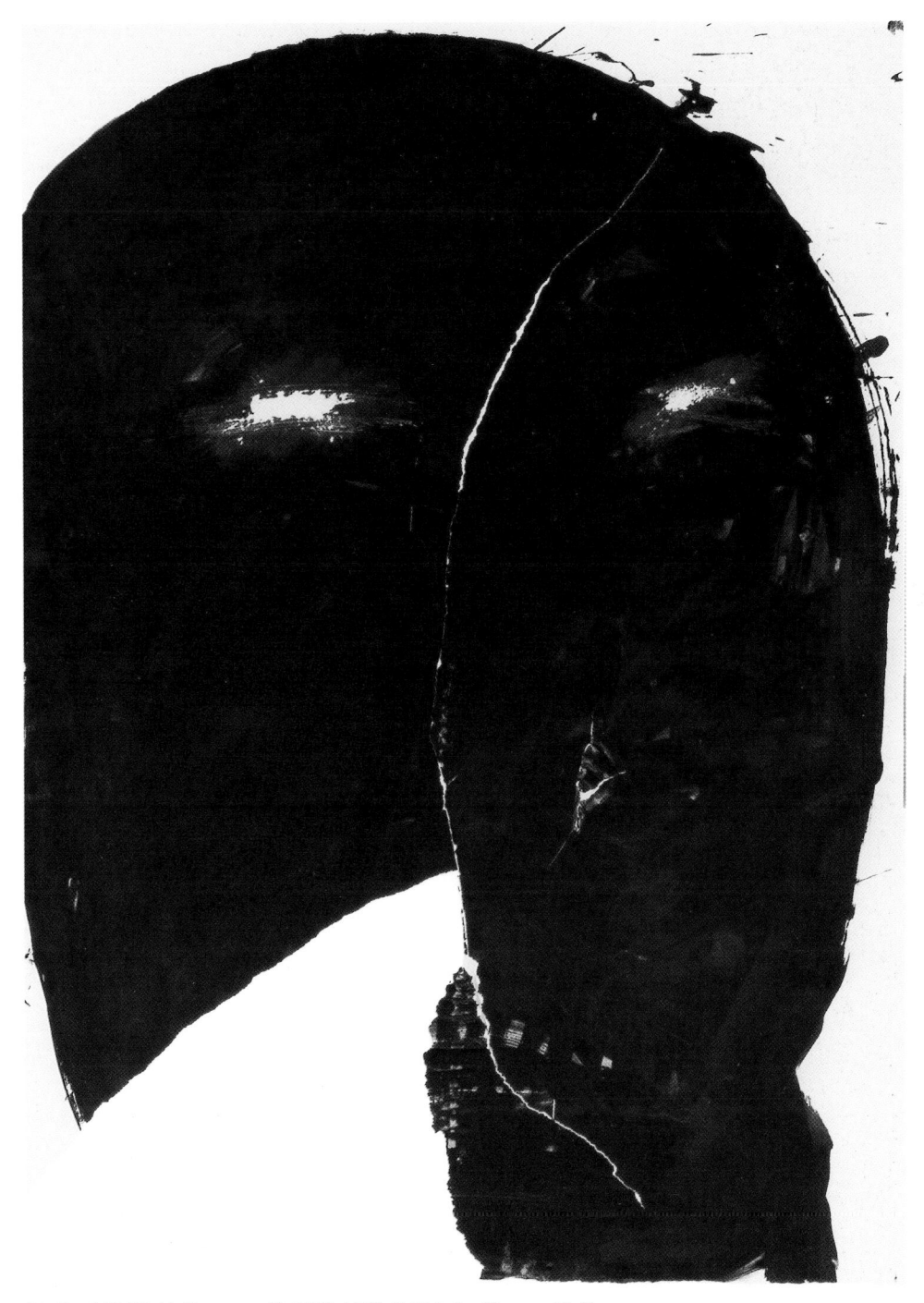

74  Kopf 79/88/4, Kreuzweg II, 1979–1988, Städtische Museen Heilbronn

74  Kopf 79/86/88/5, Kreuzweg II, 1979–1988, Städtische Museen Heilbronn

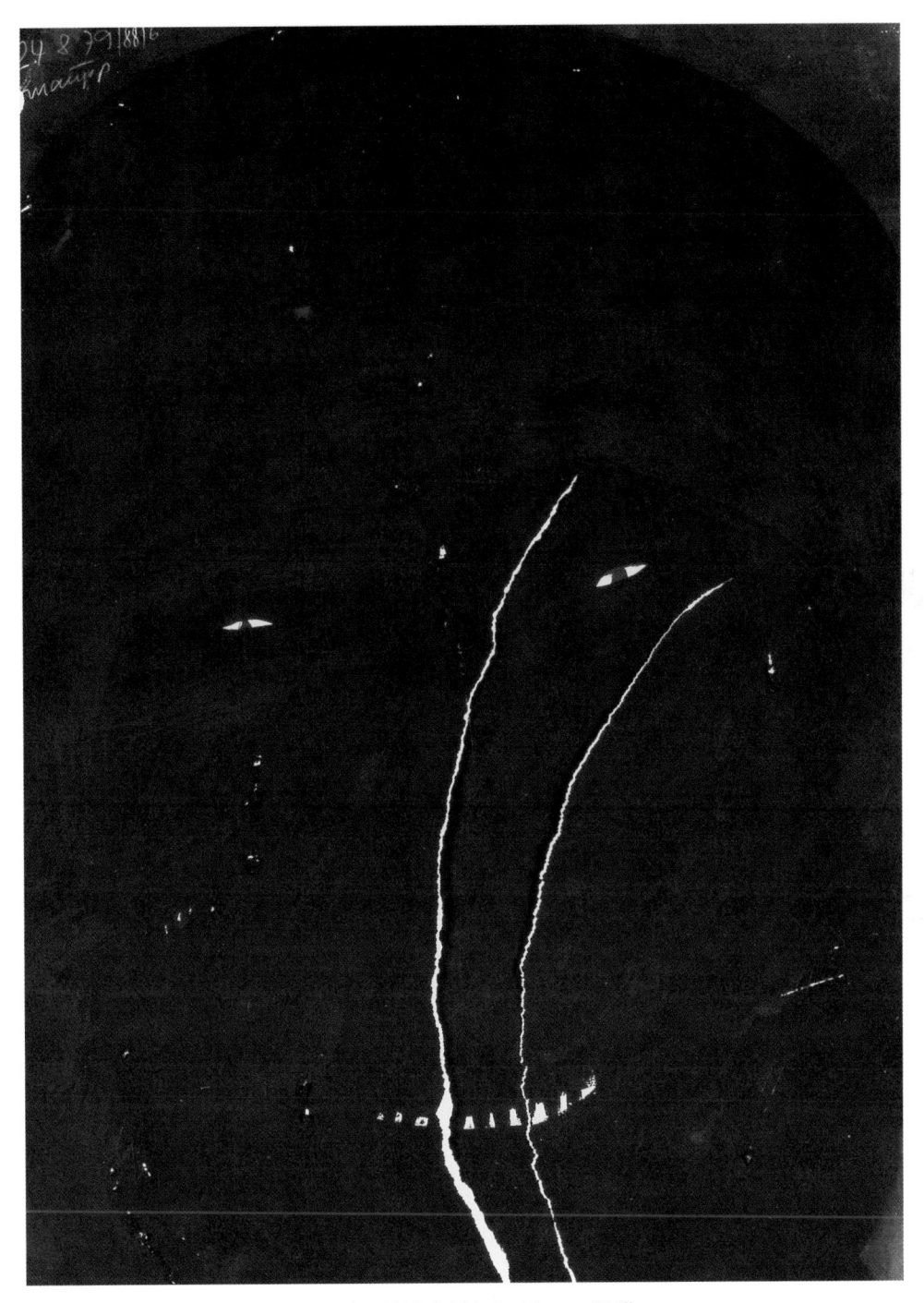

74  Kopf 24.8.79/88/6, Kreuzweg II, 1979–1988, Städtische Museen Heilbronn

74  Kopf 79/88/9, Kreuzweg II, 1979–1988, Städtische Museen Heilbronn

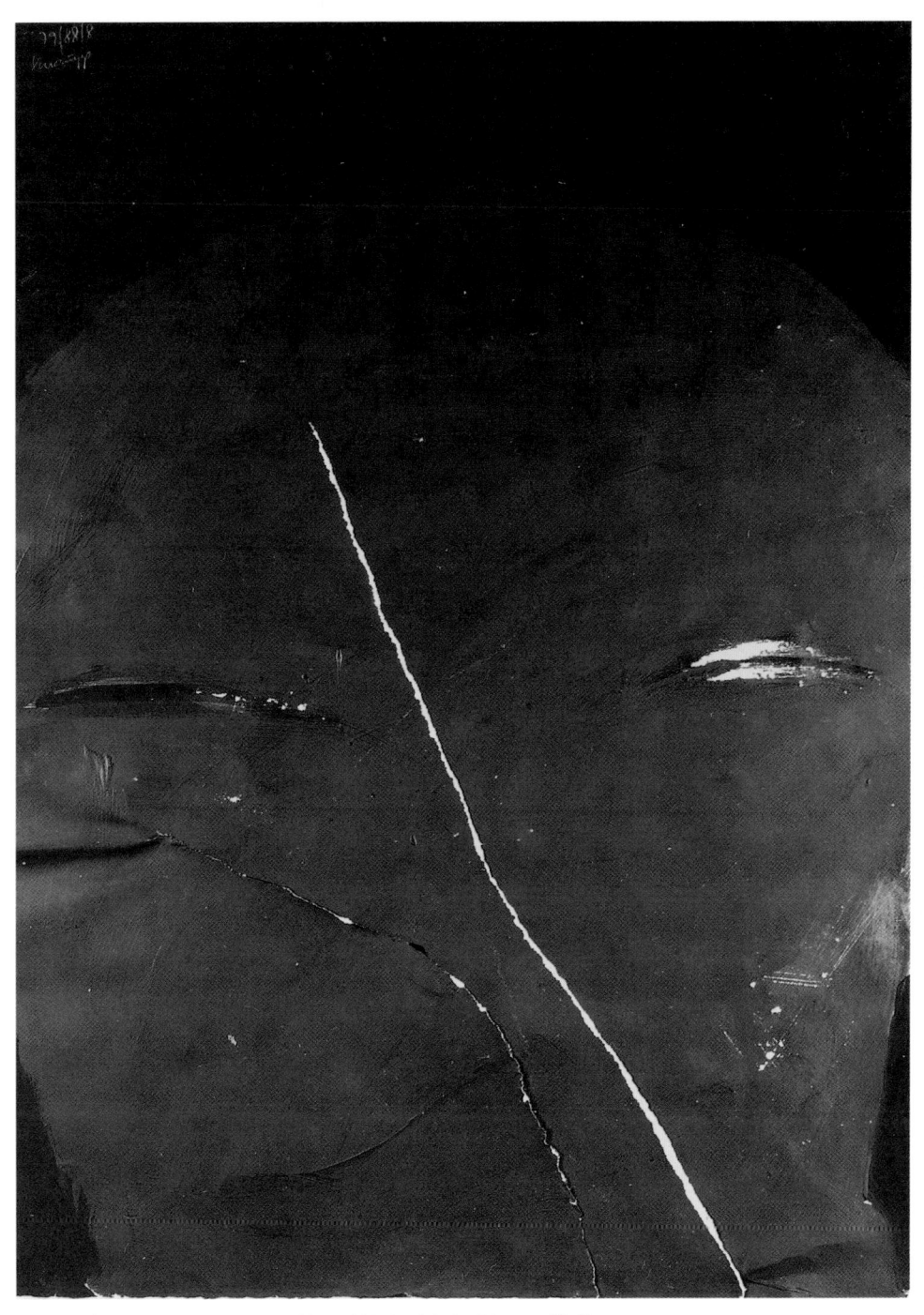

74 Kopf 79/88/8, Kreuzweg II, 1979–1988, Städtische Museen Heilbronn

74 Kopf 79/88/12, Kreuzweg II, 1979–1988, Städtische Museen Heilbronn

74  Kopf 79/88/15, Kreuzweg II, 1979–1988, Städtische Museen Heilbronn

74  Kopf 79/88/10, Kreuzweg II, 1979–1988, Städtische Museen Heilbronn

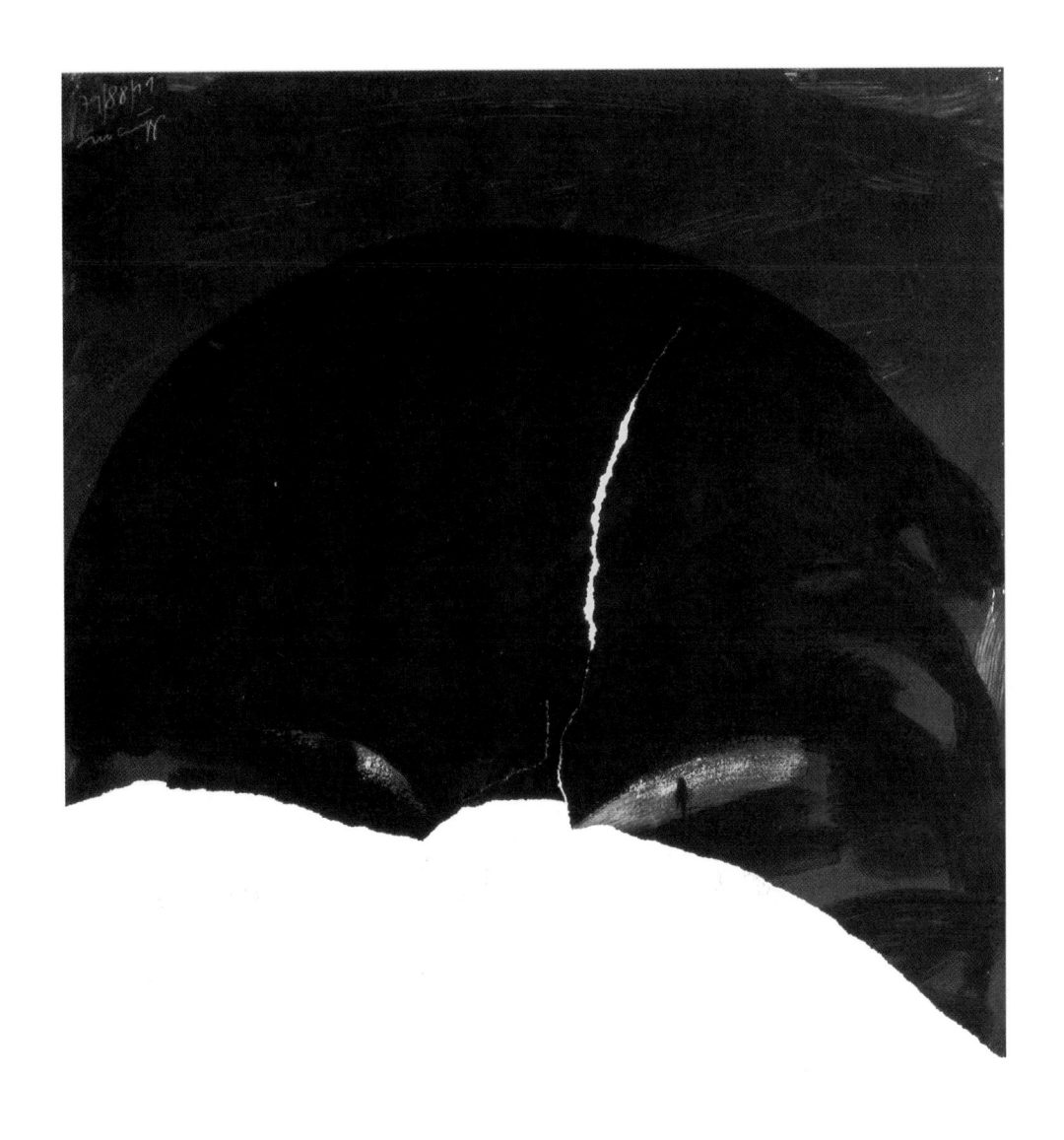

74  Kopf 79/88/11, Kreuzweg II, 1979–1988, Städtische Museen Heilbronn

74 Kopf 79/88/14, Kreuzweg II, 1979–1988, Städtische Museen Heilbronn

74 Kopf 23.8.79/88/7, Kreuzweg II, 1979–1988, Städtische Museen Heilbronn

74 Kopf 79/88/16, Kreuzweg II, 1979-1988, Städtische Museen Heilbronn

74  Kopf 79/88/17, Kreuzweg II, 1979-1988, Städtische Museen Heilbronn

74 Papierkiste 1979, Kreuzweg II, 1979-1988, Städtische Museen Heilbronn

VERBRENNUNGEN

75 Verbrennung 7.1.80, 1980, Privatsammlung

76 Verbrennung 10.1.80, 1980, Privatsammlung

78 Verbrennung 30.4.80, 1980, Staatliche Kunstsammlungen Dresden, Kupferstich-Kabinett

77 Verbrennung 22.2.80, 1980, Privatsammlung

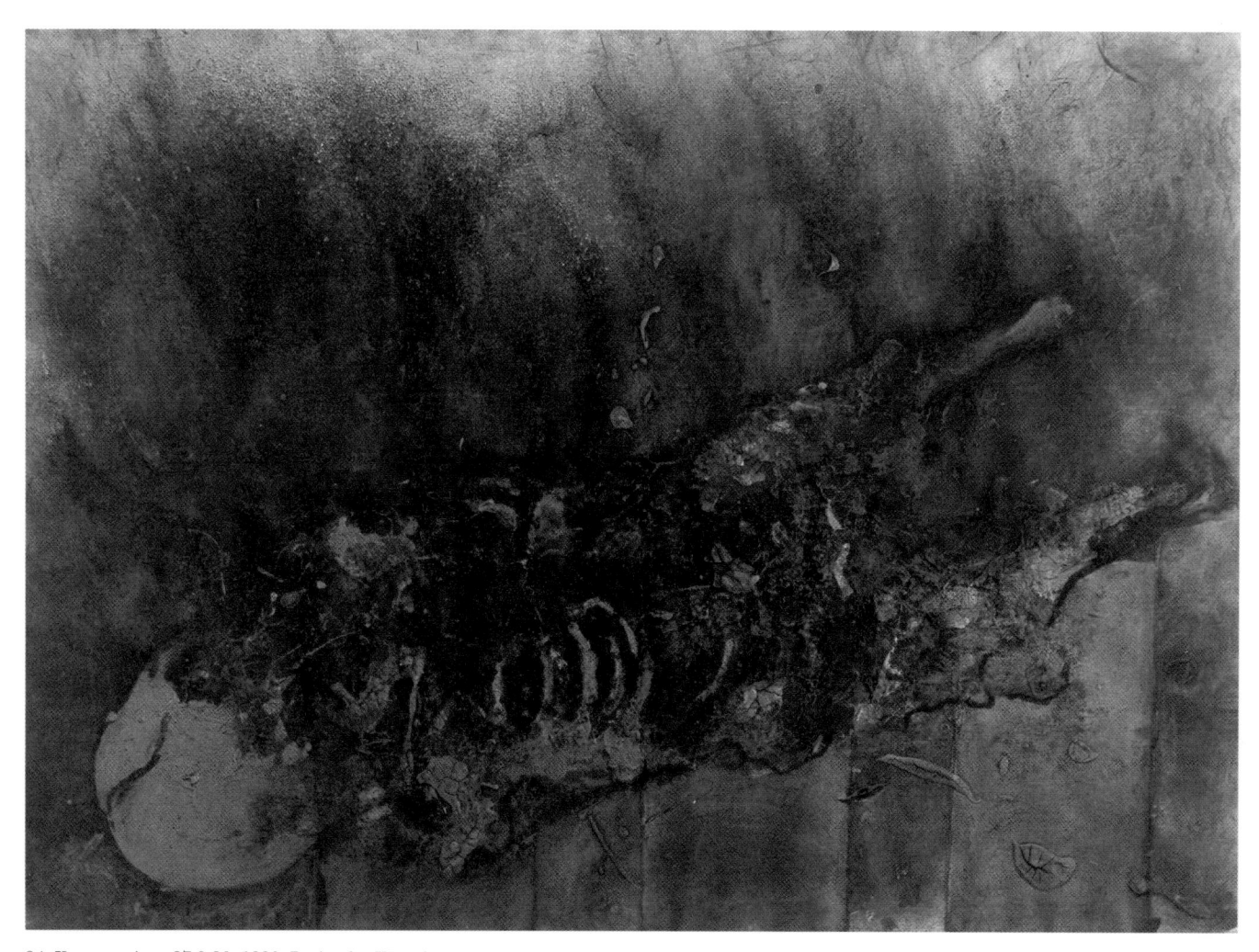

84 Krematorium 27.9.80, 1980, Besitz des Künstlers

79  Verbrennung 28.6.80, 1980, Privatsammlung

80 Verbrennung 11.8.80, 1980, Kunstsammlung der Kreissparkasse Esslingen-Nürtingen

81 Verbrennung 4.1.81, 1981, Privatsammlung Linz

83 Krematorium 6.8.80, 1980, Besitz des Künstlers

86 Krematorium 3.4.84/2, 1984, Besitz des Künstlers

88 Krematorium 5.4.84/2, 1984, Besitz des Künstlers

87  Krematorium 4.4.84/2, 1984, Besitz des Künstlers

85 Schwarze Wand - Krematorium, 1980-1981, Sammlung Gangla, Düsseldorf

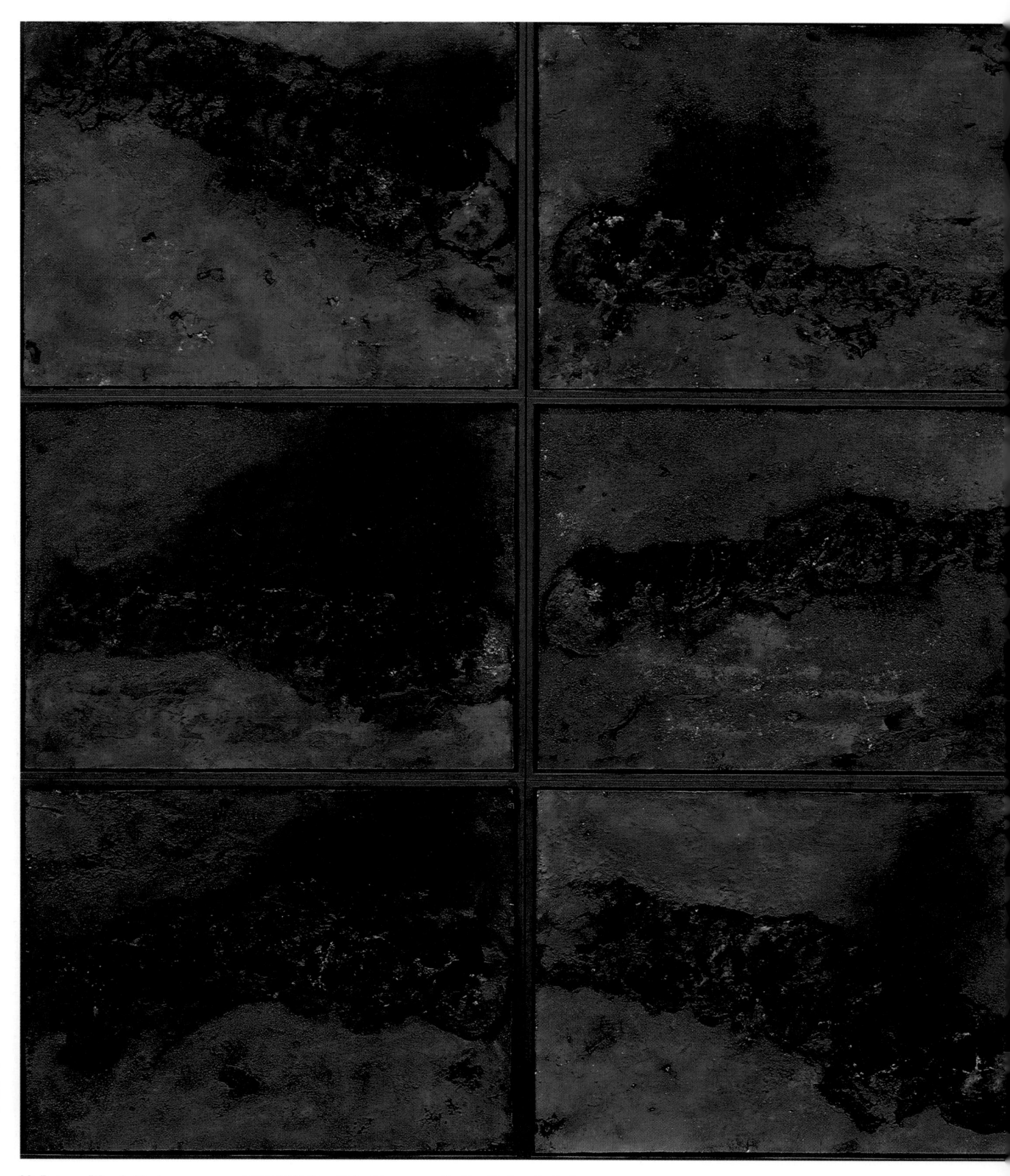

82 Braune Wand - Verbrennungen, 1981-1982, Staatliche Museen zu Berlin, Nationalgalerie

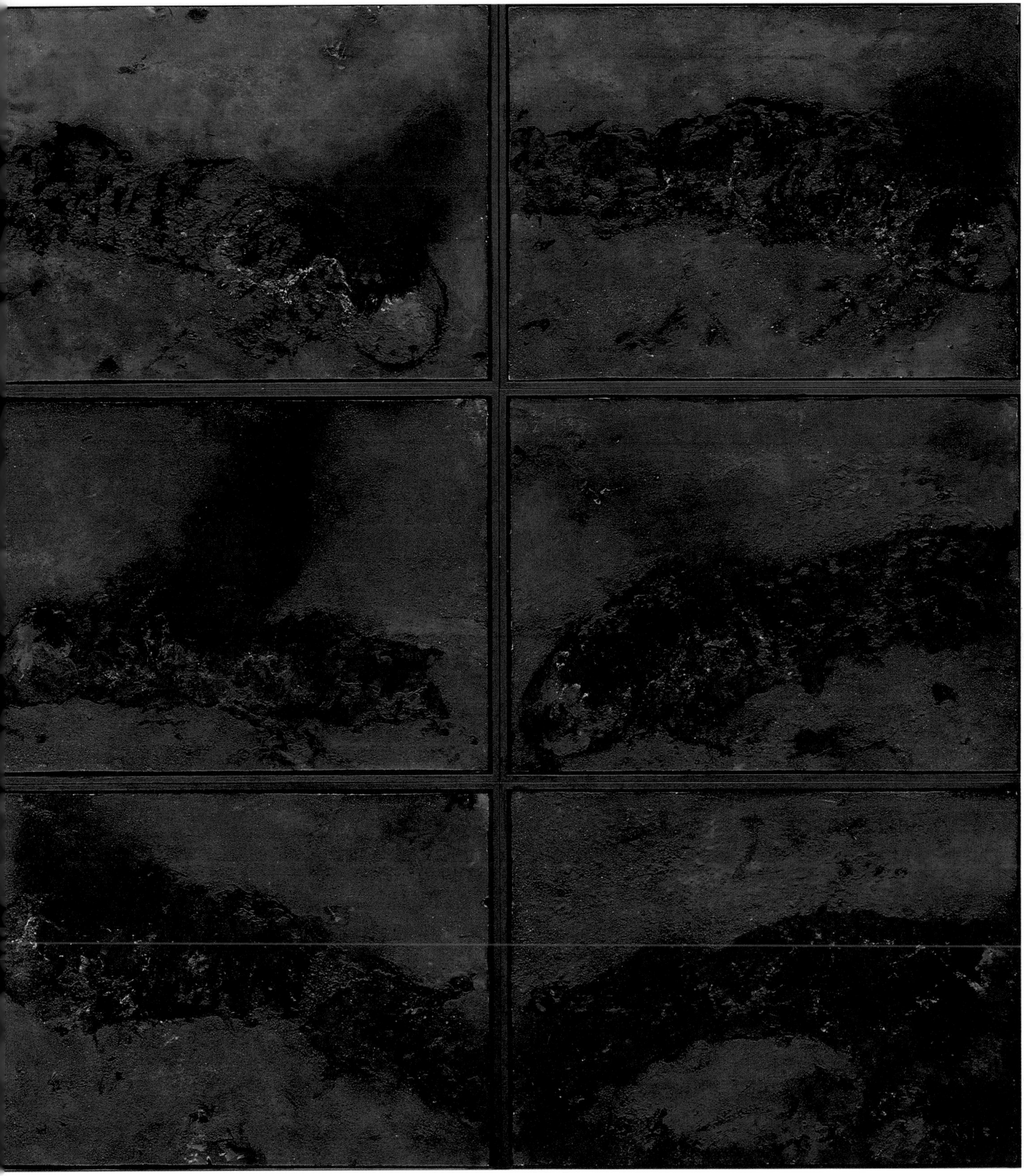

92 Adamah 30.9.82, 1982, Privatsammlung

165

95 Adamah 24.2.84, 1984, Sammlung Karl Gerhard Schmidt

93 Adamah 10.12.83, 1983, Privatsammlung

91 Adamah 27.9.82, 1982, Museum für Kunst- und Kulturgeschichte der Hansestadt Lübeck

94  Adamah 9.2.84, 1984, Sammlung Björn und Ricarda Luley, München

90  Adamah 25.9.82, 1982, Privatsammlung

# EISENPLASTIKEN

96 Lebensspur (12er Reihe), 1984, Privatsammlung

96 Lebensspur (12er Reihe), 1984, Figur 4, Privatsammlung

96 Lebensspur (12er Reihe), 1984, Figur 5, Privatsammlung

96 Lebensspur (12er Reihe), 1984, Figur 10, Privatsammlung

96 Lebensspur (12er Reihe), 1984, Figur 1, Privatsammlung

97 und 98 Schacht 2/1984, 100 Köpfe 1984/1985, Museum für Sepulkralkultur, Kassel

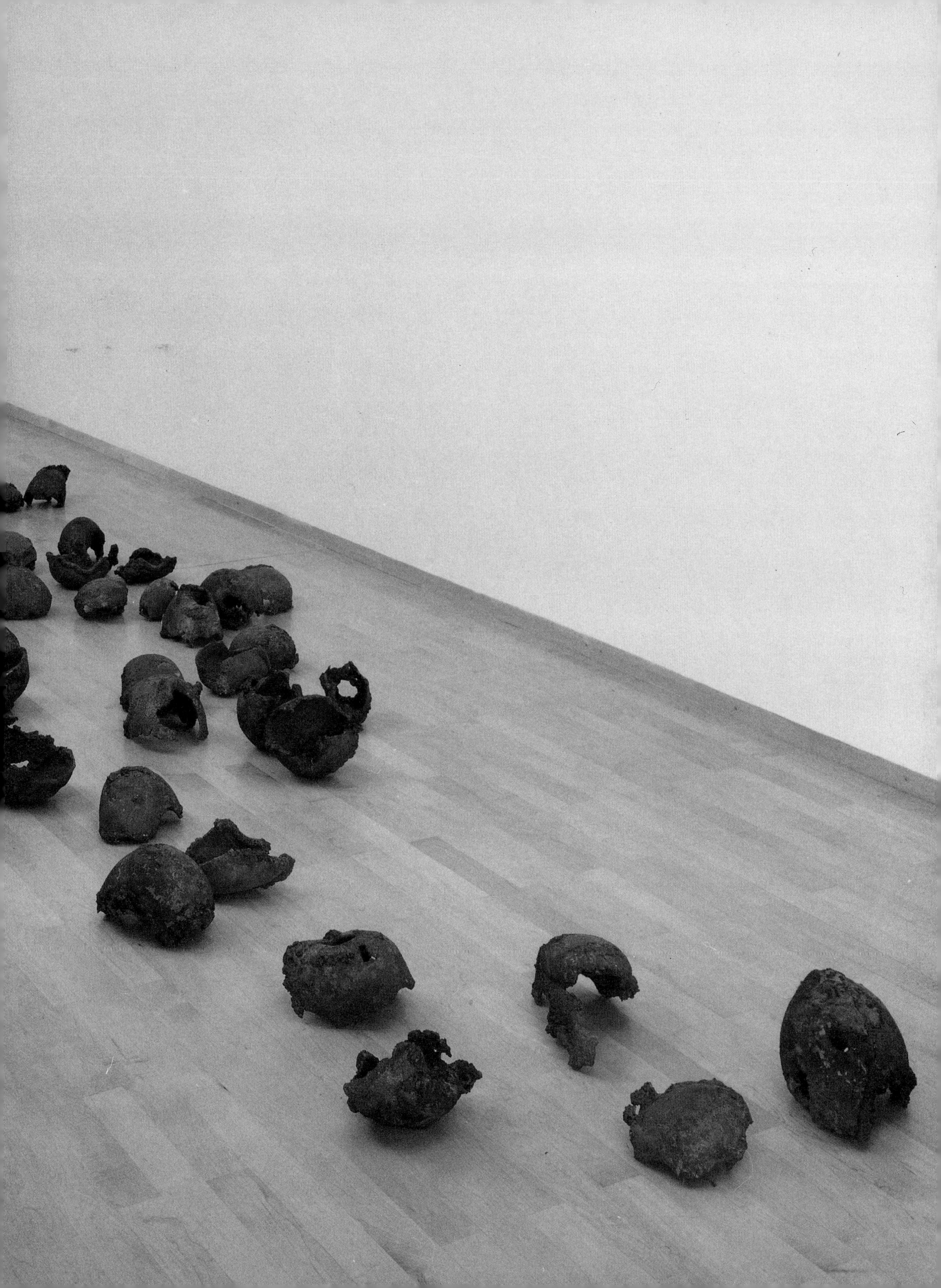

99–109 Große Hüllen, 1985

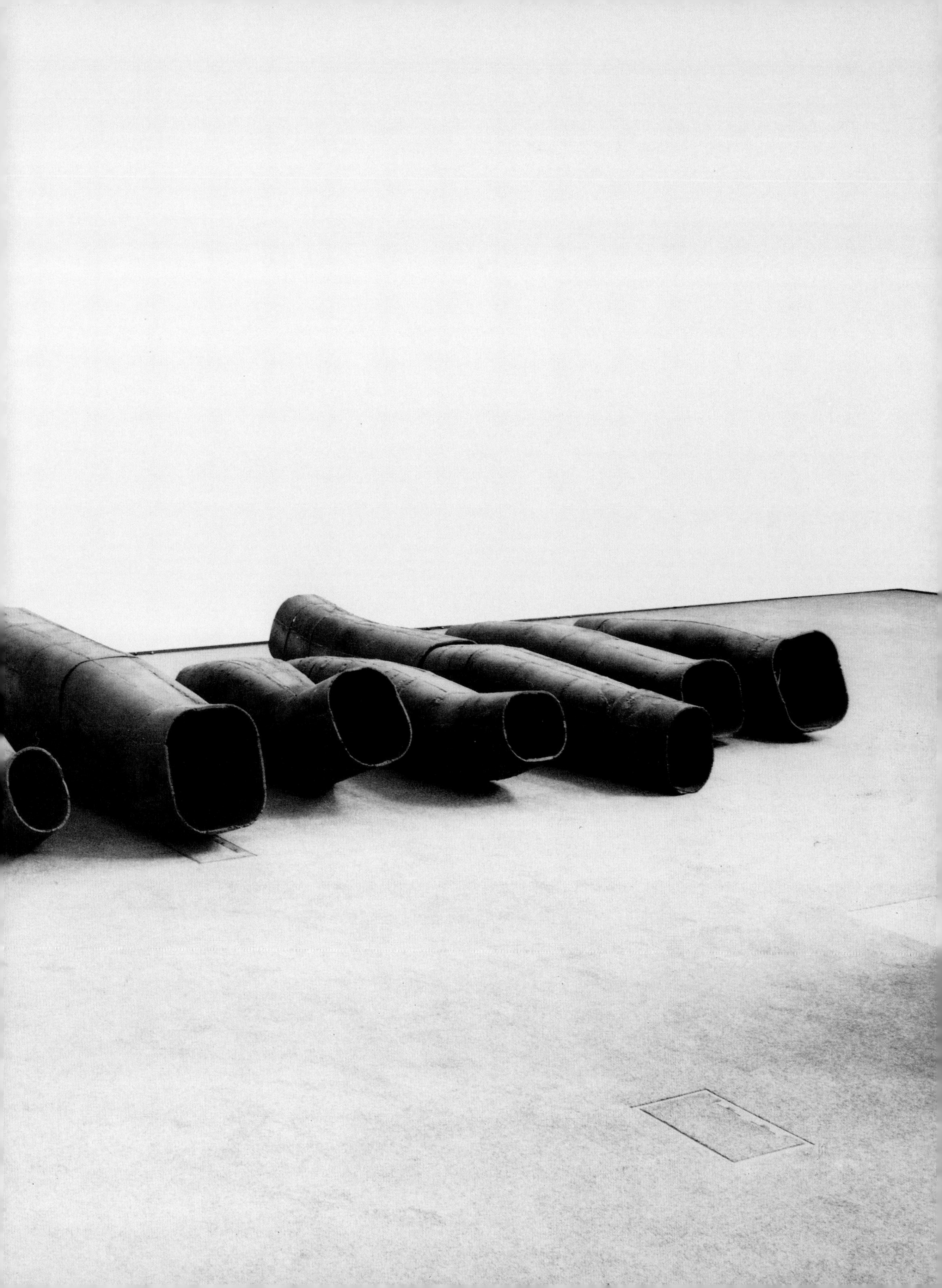

101 Große Hülle 11/85, 1985, Besitz des Künstlers

99  Große Hülle 9/85, 1985, Kunsthalle Nürnberg

110 - 115  Schmale Hüllen, 1985, Besitz des Künstlers

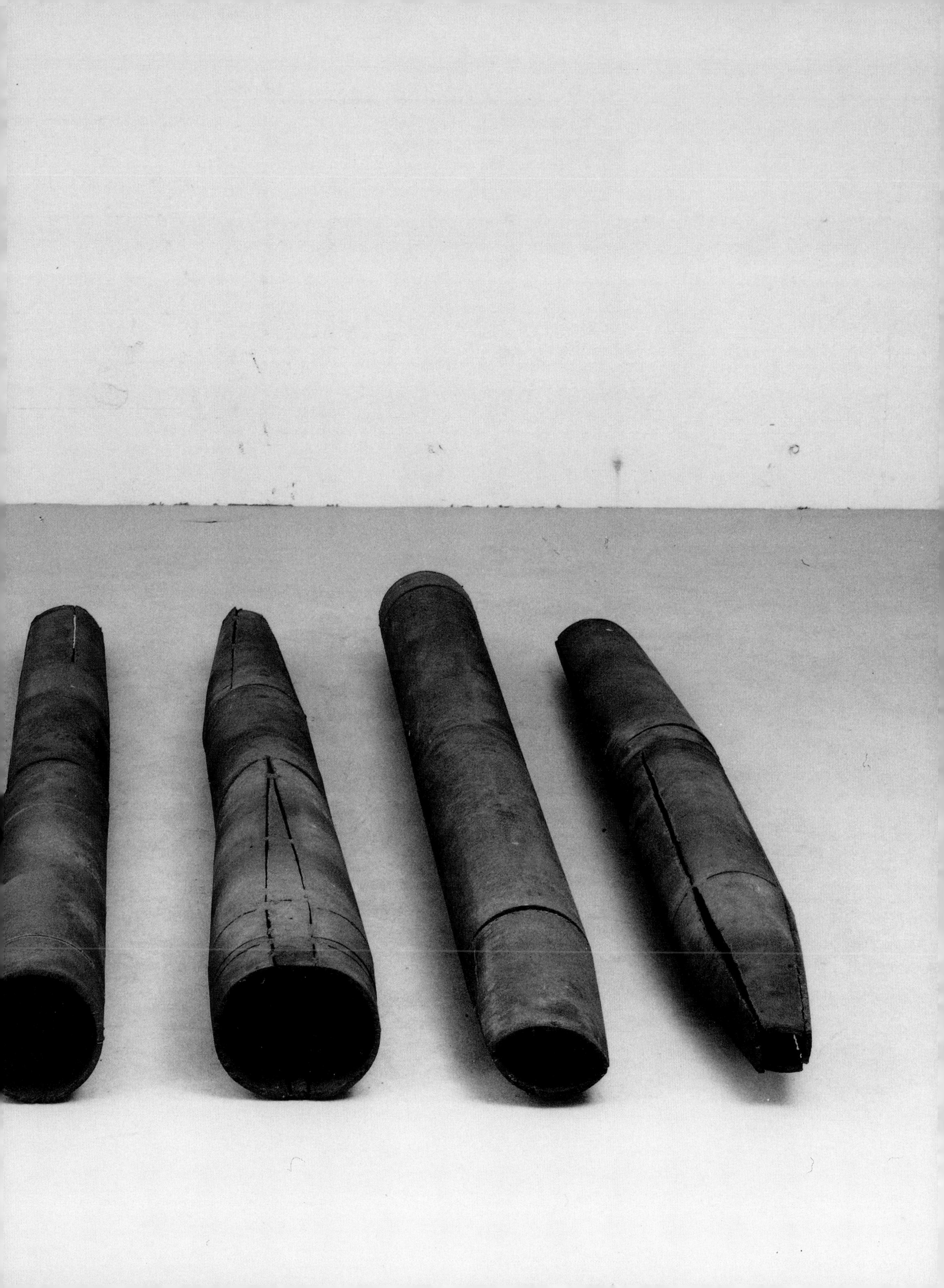

116  Großer Kopf 4/1986, 1986, Besitz des Künstlers

Große Hülle 1987, Besitz des Künstlers (nicht ausgestellt)

# PASTELLE

117 Walchensee 2.9.87, 1987, Privatsammlung

118  Berg 1.3.88, 1988, Privatbesitz

119  Vulkan 29.6.88, 1988, Privatsammlung M+WS

123  Vulkan 21.4.89, 1989, Besitz des Künstlers

122  Vulkan 9.4.89, 1989, Besitz des Künstlers

125  4.5.89 (Monde und Sonnen), 1989, Besitz des Künstlers

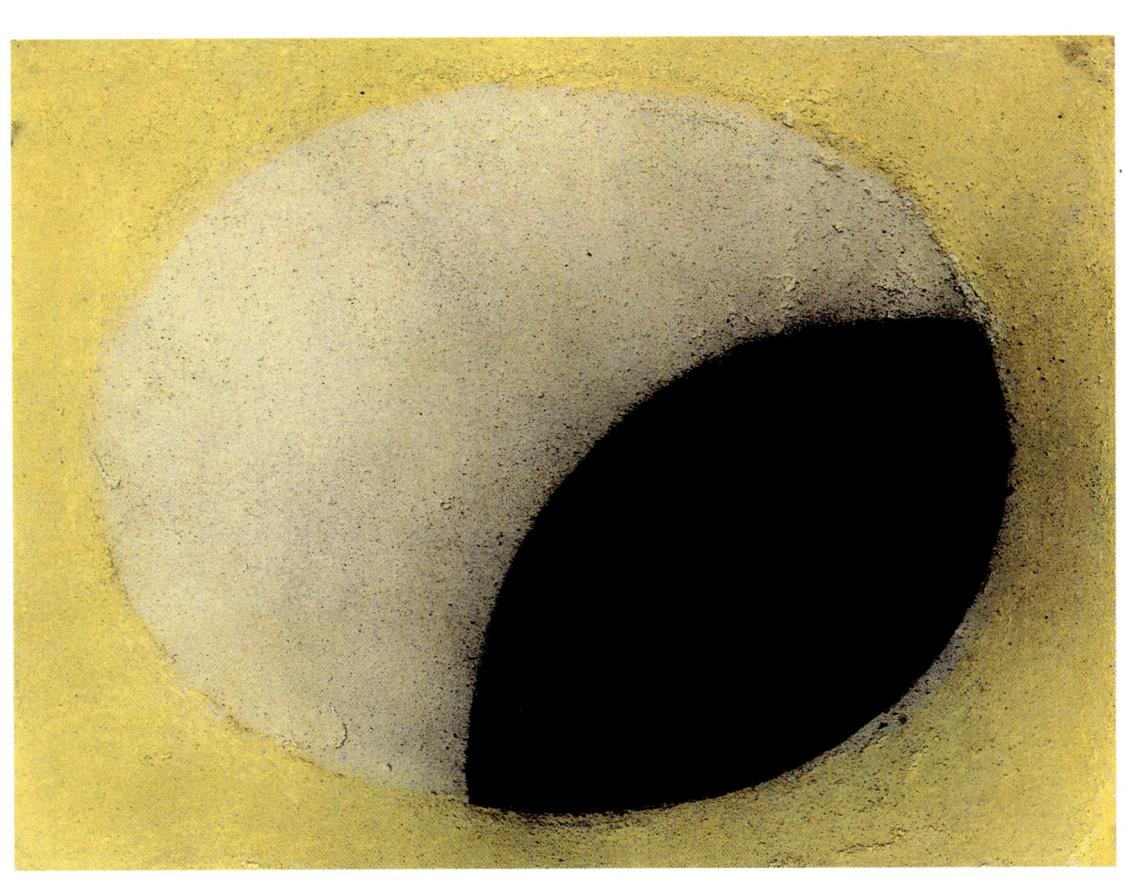

126  6.5.89 (Monde und Sonnen), 1989, Besitz des Künstlers

151  4.4.92 (Monde und Sonnen), 1992, Sammlung Gangla, Düsseldorf

150  3.4.92 (Monde und Sonnen), 1992, Sammlung Alexandra M. Hackelsberger, Bad Säckingen

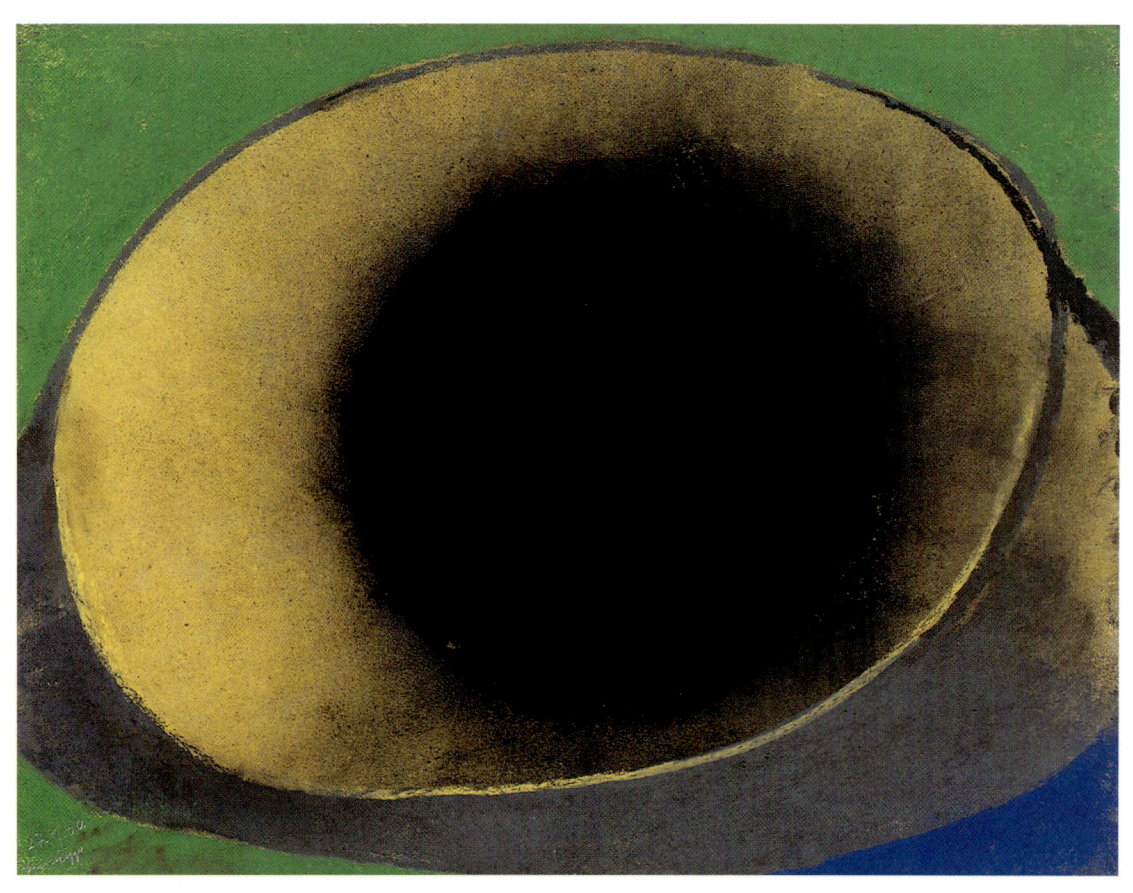

132 Vulkan 27.1.90, 1990, Privatsammlung Nürnberg

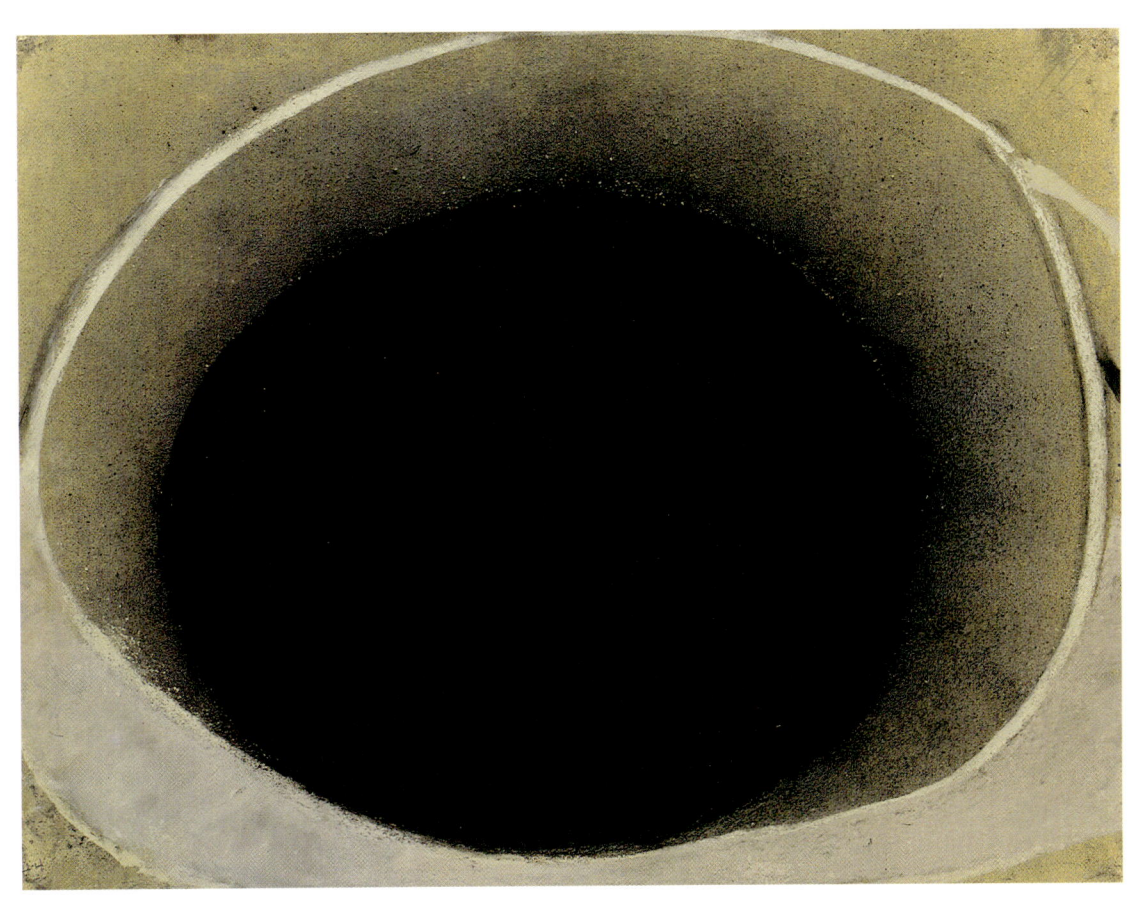

121 Vulkan 4.2.89, 1989, Sammlung Hans Hahn, Winkelhaid

136 Vulkan 7.6.90, 1990, Sammlung Marianne und Hansfried Defet

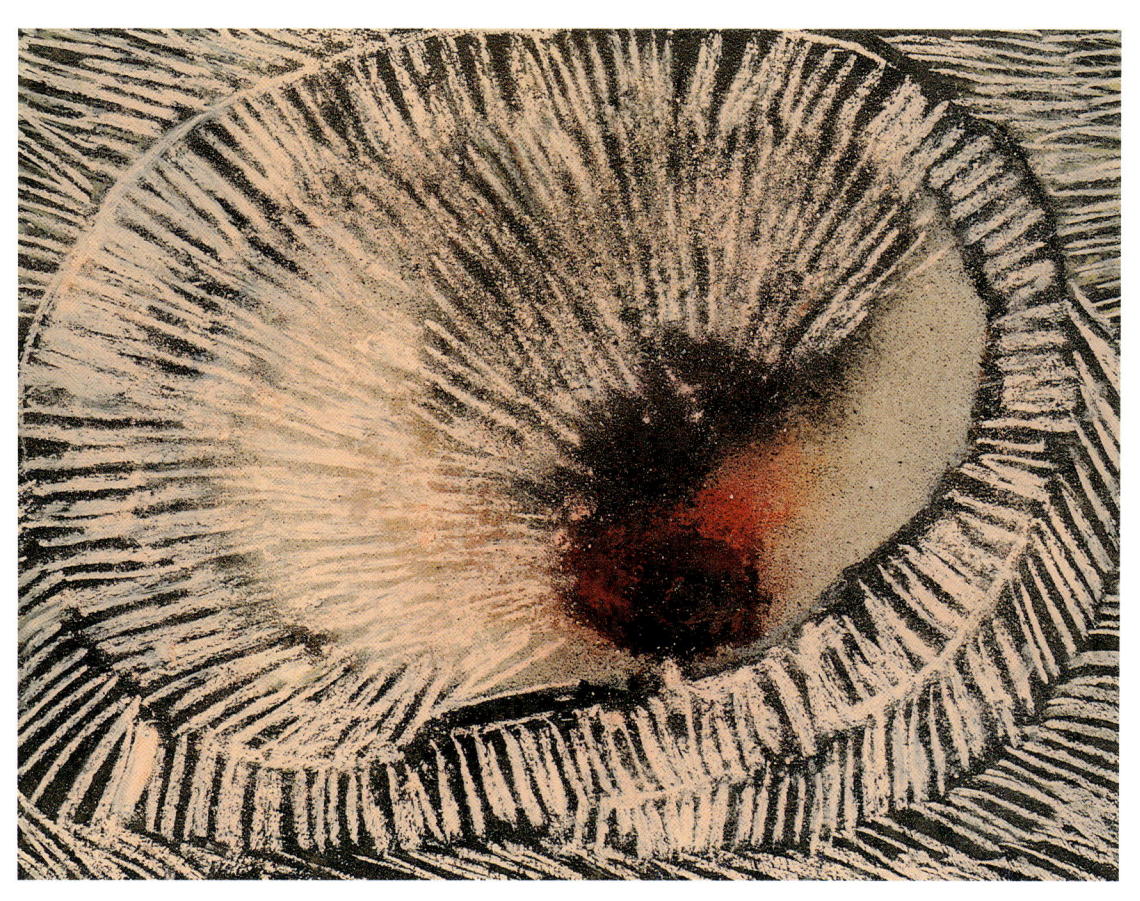

140  Vulkan 9.2.92, 1992, Privatsammlung Freiburg im Breisgau

145 Vulkan 8.3.92, 1992, Besitz des Künstlers

143 Vulkan 4.3.92, 1992, Besitz des Künstlers

154 Vulkan 6.7.92, 1992, Besitz des Künstlers

160 Vulkan 16.7.92, 1992, Privatsammlung

155 Vulkan 8.7.92, 1992, Besitz des Künstlers

163 Vulkan 6.8.92, 1992, Privatsammlung

157 Vulkan 11.7.92, 1992, Besitz des Künstlers

156 Vulkan 10.7.92, 1992, Besitz des Künstlers

159 Vulkan 15.7.92, 1992, Besitz des Künstlers

166 Vulkan 10.8.92, 1992, Privatsammlung

171 Vulkan 22.8.92, 1992, Privatsammlung

172 Vulkan 24.8.92, 1992, Privatsammlung

165 Vulkan 9.8.92, 1992, Privatsammlung

167 Vulkan 12.8.92, 1992, Privatsammlung

161 Vulkan 3.8.92, 1992, Privatsammlung

# ANHANG
Maren Knaupp

# LEBENSDATEN

1936 in Nürnberg geboren

1957–1961 und 1963–1964 Studium an der Staatlichen Akademie der Bildenden Künste in Nürnberg bei den Professoren Fritz Griebel, Otto Michael Schmitt und Gerhard Wendland

1964–65 Reise in die Sahara

1965 Erste Einzelausstellung in der Galerie Defet, Nürnberg
Erste Landschaften (Federzeichnungen und Aquarelle)

1966 Förderpreis der Stadt Nürnberg
Reise zu den Lofoten und nach Lappland. Erste Kugelschreiberzeichnungen während der Reise

1967 Stipendium des Kulturkreises im Bundesverband der Deutschen Industrie
Reise zum Ätna
Erste Kugelschreiberbilder (Vulkane)

1969 Förderpreis der Stadt Darmstadt anläßlich der *3. Internationale der Zeichnung*

1970–71 Gastdozentur an der Staatlichen Akademie der Bildenden Künste in Karlsruhe

1972 Reise in die Antarktis und nach Feuerland
Kunstpreis der Stadt Eichstätt (Künstler und Kirche)
Ende der Serie Landschaftsbilder

1974 Reise quer durch Afrika
Beginn der Serie Menschenbilder

1977–78 Arbeit im Nervenkrankenhaus Bayreuth
Erste Kohlezeichnungen (Figuren)

1979 Arbeit im Sterbehaus der Mutter Teresa in Kalkutta
Erste Gouachen (gerissene Köpfe) und Kohlezeichnungen (Verbrennungen)
Arbeitsaufenthalt im Franz-Marc-Haus in Ried bei Benediktbeuren

1980 Arbeit im Krematorium Nürnberg
Gouachen (Verbrennungen)

1981 Kunstpreis der Kreissparkasse Esslingen-Nürtingen (Arbeiten auf Papier)
Kunstpreis der Philip Morris GmbH, München *(Dimension 81 – Neue Tendenzen der Zeichnung)*

1982 Aufenthalt in den Katakomben von Rom
Max-Lütze-Medaille des Familienverbandes Lütze e.V., Stuttgart
Einjähriges Stipendium der Akademie der Künste Berlin für einen Arbeitsaufenthalt im Künstlerhaus Bethanien, Berlin
Erste Aschebilder *(Adamah)*

1982–87 Arbeit mit dem Schmiedemeister Hans Hahn an Eisenskulpturen

1983 Kunstpreis der Evangelischen Landeskirche Bayern
Reise zu den Vulkanen auf Lanzarote

1984 Reise nach Japan (Hiroshima)

1985 Preis der Stadt Nürnberg für Kunst und Wissenschaft

1986 Lehrstuhl für Malerei an der Akademie der Bildenden Künste in Nürnberg

1987 Aufenthalt an Walchen- und Kochelsee
Erste Pastelle (Berge, Vulkane, Monde, Sonnen)

1989 Reise in die Berge von Guilin (Südchina)

1990 Reise zu den Vulkanen auf Hawaii und Neuseeland

1992 Großformatige Pastelle (Vulkane)


Werner Knaupp lebt und arbeitet in Ernhofen

Werner Knaupp und Schmiedemeister Hans Hahn

# AUSSTELLUNGEN

### EINZELAUSSTELLUNGEN

*Zeichnungen, Aquarelle von Werner Knaupp,* Die Kleine Galerie (Galerie Defet), Nürnberg, 27.11.–30.12.1965

*Werner Knaupp. Zeichnungen und Druckgrafik,* Galerie Langer, Braunschweig, ab 15.10.1966

*Werner Knaupp. Sonderausstellung anläßlich der Vergabe des Förderungspreises der Stadt Nürnberg 1966 für Bildende Kunst,* Galerie Defet, Nürnberg, 16.3.–20.3.1967

*Junge deutsche Künstler, 14 x 14, Werner Knaupp und Reimer Jochims,* Staatliche Kunsthalle Baden-Baden, 19.4.–28.4.1968

*Werner Knaupp '68. Neue Bilder. Ernst Hermanns. Plastik,* Galerie Stangl, München, 17.9.–9.11.1968

*Werner Knaupp, Vulkanbilder,* Galerie Defet, Nürnberg, 16.4.–22.5.1969

*Werner Knaupp,* Galerie Wilbrand, Köln, 14.11.1970–9.1.1971

*Werner Knaupp. Lofoten, Horizonte, Wolken, Regen,* Frankfurter Kunstkabinett Hanna Bekker vom Rath, Frankfurt, 25.3.–24.4.1971

*Werner Knaupp. Abstrakte Landschaften. Alf Lechner. Stahlplastik,* Mannheimer Kunstverein, Mannheim, 30.4.–31.5.1971

*Werner Knaupp. Gesamte Grafik,* Galerie Langer, Braunschweig, 1971

*Werner Knaupp '72. Neue Bilder,* Galerie Stangl, München, 12.2.–30.3.1972

*Werner Knaupp. Retrospektive,* Kunstverein Laupheim, Laupheim, 28.4.–23.5.1972

*Werner Knaupp. Gesamte Grafik,* Galerie Mewes, Hamburg, 14.6.–22.7.1972

*Werner Knaupp. Neue Bilder und Graphik,* Galerie Rothe, Heidelberg, 27.10.–6.12.1972

*Werner Knaupp. Gesamte Grafik. Bilder,* Galerie Rothenstein, Bremen, 12.10.–11.11.1973

*Werner Knaupp. Grafik und Malerei,* Galerie-Haus Weinelt, Hof/Saale, 29.10.–30.11.1973

*Werner Knaupp. Bilder – Zeichnungen – Lithos,* Galerie Defet, Nürnberg, 24.11.1973–23.1.1974

*Werner Knaupp. Graphiken und Überzeichnungen,* Galerie Holbein, Lindau, 10.5.–12.6.1974

*Werner Knaupp,* Galerie Elke Dröscher, Hamburg, 15.2.–27.3.1975

*Werner Knaupp. Neue Arbeiten,* Galerie Langer, Braunschweig, 4.4.–11.5.1975

*Werner Knaupp. Köpfe und Figuren,* Galerie Defet, Nürnberg, 14.4.–14.5.1978

*Werner Knaupp. Zeichnungen und Druckgraphik,* Galerie Bernd Lutze, Friedrichshafen, 3.5.–17.6.1978

*Werner Knaupp. Köpfe und Figuren,* Kunstverein Ludwigshafen am Rhein e.V., Ludwigshafen, 24.5.–25.6.1978

*Werner Knaupp. Köpfe und Figuren,* Kunstverein Heilbronn, Heilbronn, 17.9.–8.10.1978

*Werner Knaupp. Köpfe und Figuren. Kohlezeichnungen,* Galerie Rothe, Heidelberg, 14.10.–16.11.1978

*Werner Knaupp. Zeichnungen,* Galerie Holbein, Lindau, 23.6.–29.7.1979

*Werner Knaupp – Zeichnungen,* Galerie Hermeyer, München, 4.10.–3.11.1979

*Werner Knaupp. Köpfe. Arbeiten auf Papier,* Galerie Lutz, Stuttgart, 9.11.–4.12.1979

*Werner Knaupp. Zeichnungen und Gouachen aus den Jahren 1977–1980,* H. und G. Hornung, Höchstadt, 8.3.–9.3.1980

*Passion in unserer Zeit. Mit Bildern von Werner Knaupp,* Evangelische Stadtkirche Roth, 1.4.–20.4.1980

*Werner Knaupp. Gouachen - Zeichnungen,* Galerie Defet, Nürnberg, 2.10.–5.10.1980

*Werner Knaupp. Kunst im Alten Schloß,* Altes Schloß, Bayreuth, 28.11.1980–15.1.1981

*Werner Knaupp. Köpfe, Figuren, Verbrennungen,* Städtische Kunsthalle Mannheim, Mannheim, 3.4.–10.5.1981

*Werner Knaupp,* Galerie am Judenturm, Coburg, 11.10.–16.11.1981

*Werner Knaupp. Zeichnungen und Gouachen, Köpfe, Figuren und Verbrennungen und Michael Croissant, Plastiken und Zeichnungen,* Dibbert Galerie, Berlin, 16.10.–17.11.1981

*Werner Knaupp. Verbrennungen und neue Arbeiten,* Galerie Hermeyer, München, 16.1.–20.2.1982

*Werner Knaupp. Köpfe, Figuren, Verbrennungen,* Westfälisches Landesmuseum für Kunst und Kulturgeschichte, Münster, 28.3.–9.5.1982

*Werner Knaupp. Körperlandschaften. Neue farbige Bilder,* Galerie Rothe, Heidelberg, 15.5.–20.6.1982

*Werner Knaupp. Köpfe – Figuren – Verbrennungen,* Heidelberger Kunstverein, Heidelberg, 16.5.–20.6.1982

*Werner Knaupp. Die Werkgruppen „Adamah" und „Krematorium",* Galerie Kaiser, Freiburg, 9.10.–20.11.1982

*Werner Knaupp. Kreuzweg,* Augustinermuseum der Stadt Freiburg, 10.10.–7.11.1982

*Josef Bücheler – Werner Knaupp,* Galerie im Kornhaus, Kulturring Kirchheim unter Teck, 23.1.–27.2.1983

*Karlheinz Hoffmann. Werner Knaupp,* Galerie im Landeskirchenamt, München, 16.3.–29.4.1983, (anläßlich des Kunstpreises der Evangelisch-Lutherischen Kirche in Bayern)

*Werner Knaupp. Bilder 1977–1982,* Nationalgalerie Berlin, Staatliche Museen Preußischer Kulturbesitz, 29.4.–5.6.1983, Kunsthalle Bremen, 12.6.–17.7.1983, Overbeck-Gesellschaft Lübeck, 4.9.–16.10.1983, Germanisches Nationalmuseum in Zusammenarbeit mit dem Institut für moderne Kunst Nürnberg, 23.10.–4.12.1983

*Werner Knaupp und Hans Hahn. Feuer und Eisen,* Schmiede Hans Hahn, Winkelhaid, 21.7., 22.7., 28.7., 29.7.1984

*Werner Knaupp. Skulpturen,* Galerie Hermeyer, München, 25.10.–24.11.1984

*Werner Knaupp,* Rathaus Sindelfingen, 13.6.–28.7.1985

*Werner Knaupp. Feuer und Eisen. Skulpturen 1984–1986,* Städtische Kunsthalle Mannheim, Mannheim, 24.5.–13.7.1986

*Werner Knaupp. Körper-Hüllen. Eisenskulpturen und Zeichnungen,* Suermondt-Ludwig-Museum, Aachen, 30.8.–9.11.1986

*Werner Knaupp. Die Hülle,* Städtische Galerie im Lenbachhaus, Kunstforum München, München, 5.3.–26.4.1987

*Werner Knaupp. Hüllen. Eisenskulpturen,* Galerie Lietzow, Berlin, 10.4.–9.5.1987

*Werner Knaupp. Bilder,* Galerie Bernd Lutze, Friedrichshafen, 22.4.–20.5.1988

*Werner Knaupp. Eisenskulpturen und Zeichnungen,* Galerie Holbein, Lindau, 23.4.–22.5.1988

*Werner Knaupp. Eisenskulpturen,* Galerie Brigitte Wetter, Stuttgart, 10.9.–15.10.1988

*Werner Knaupp. Eisenskulpturen,* Städtische Galerie im Cordonhaus, Cham, 5.11.–27.11.1988

*Werner Knaupp. Pastelle,* Galerie Defet, Nürnberg, 30.11.1988–28.2.1989

*Werner Knaupp. Eisenskulpturen,* Impulse e.V. Kunstverein, Hamburg, 19.5.–30.6.1989

*Werner Knaupp. Pastelle,* Galerie Bernd Lutze, Friedrichshafen, 27.4.–26.5.1990

*Werner Knaupp. Pastelle,* Galerie Manfred Rieker, Heilbronn, 16.11.1990–12.1.1991

*Werner Knaupp. Pastellwand,* Verein für Original-Radierung, München, 8.10.–16.10.1991

*Werner Knaupp. Landschaften,* Galerie Rothe, Frankfurt, 31.1.–7.3.1992

*Werner Knaupp. Rückblicke – Ausblicke. Zeichnungen, Bilder, Skulpturen,* Kunstverein Hochrhein, Bad Säckingen, 21.6.–12.7.1992

*Werner Knaupp. Grenzüberschreitungen. Bilder und Skulpturen 1979–1985,* Galerie Junge Kunst, Museum für zeitgenössische Kunst, Frankfurt/Oder, 3.11.1992–10.1.1993

## GRUPPENAUSSTELLUNGEN

*Große Kunstausstellung München 1966. Neue Gruppe,* Haus der Kunst, München, 9.6.–25.9.1966

*5 Tage Sonderausstellung,* Galerie Defet, Nürnberg, 16.3.–20.3.1967, (anläßlich der Vergabe des Förderungspreises der Stadt Nürnberg 1966 für Bildende Kunst)

*Deutscher Kunstpreis der Jugend 1967. Graphik,* Städtische Kunstgalerie, Bochum, 12.6.–10.7.1967

*Nürnberger Künstler 67,* Kunsthalle Nürnberg, Nürnberg, 15.9.–15.10.1967

*15. Jahresausstellung des Deutschen Künstlerbundes e.V.,* Badischer Kunstverein e.V., Alte Markthalle, Karlsruhe, 23.9.–29.10.1967

*Deutsche Handzeichnungen und Aquarelle der letzten zwanzig Jahre,* Kunstverein Hannover, Hannover, 22.10.–19.11.1967

*Deutsche Kunst heute. 129. Frühjahrsausstellung im Kunstverein Hannover,* Hannover, 26.5.–21.7.1968

*Große Kunstausstellung München 1968. Neue Gruppe,* Haus der Kunst, München, 13.6.–29.9.1968

*Deutscher Künstlerbund. 16. Ausstellung,* Kunsthalle Nürnberg und Künstlerhaus, Nürnberg, 20.7.–15.9.1968

*Zeichnungen junger deutscher Künstler,* Galerie Rothe, Heidelberg, 1968

*Kunstpreis junger Westen 69 der Stadt Recklinghausen,* Städtische Kunsthalle, Recklinghausen, 1.3.–7.4.1969, Städtische Galerie Schloß Oberhausen, Oberhausen, 25.4.–26.5.1969

*13. Jahresausstellung der Gesellschaft der Freunde junger Kunst Baden-Baden,* Staatliche Kunsthalle, Baden-Baden, 13.3.–13.4.1969

*Wilhelm-Morgner-Preis für experimentelle Kunst,* Soest, 12.5.–8.6.1969

*17. Jahresausstellung des Deutschen Künstlerbundes e.V.* Kunstverein Kubus an der Aegidienkirche, Orangerie, Herrenhaus, Hannover, 7.6.–27.7.1969

*Große Kunstausstellung München 1969. Neue Gruppe,* Haus der Kunst, München, 13.6.–28.9.1969

*Ars Viva 69,* Orangerie des Schlosses Berlin-Charlottenburg, Berlin, 10.10.–9.11.1969, Farbenfabrik Bayer AG, Leverkusen, 25.11.–19.12.1969

*Graphics '70: Germany,* University of Kentucky Art Gallery, Kentucky, University of Iowa Art Museum, Iowa City, San Francisco Museum of Art, San Francisco, November 1969 – August 1970

*Neue Landschaften,* Galerie von Loeper, Hamburg, Dezember 1969

*Kunst und Kritik,* Städtisches Museum, Wiesbaden, 1969

*Junge Talente,* Modern Art Museum, München, 1969

*Die Handzeichnung der Gegenwart,* Graphische Sammlung, Staatsgalerie Stuttgart, 5.6.–30.8.1970

*Kreis,* Künstlerhaus, Nürnberg, 11.7.–9.8.1970

*3. Internationale der Zeichnung,* Mathildenhöhe, Darmstadt, 15.8.–11.11.1970

*Prisma '70. 18. Ausstellung des Deutschen Künstlerbundes e.V.,* Städtische Kunstsammlungen, Bonn, Rheinisches Landesmuseum, Bonn, 18.9.–1.11.1970

*Neue Landschaften. II. Teil,* Galerie von Loeper, Hamburg, 3.2.–15.3.1971

*activa '71. Kunst der Jungen in Westdeutschland,* Haus der Kunst, München, 20.3.–9.5.1971

*Möglichkeiten der Landschaftsdarstellung,* Galerie Langer, Braunschweig, 12.4.–5.5.1971

*Homentage a Joan Miro,* Granollers (Spanien), 15.5.–15.9.1971

*activa '71. Kunst der jungen Generation in Westdeutschland,* Landesmuseum, Münster, 2.6.–4.7.1971

*Druckgraphik. Nürnberger Künstler der Gegenwart* – Kunsthalle Nürnberg, Nürnberg, 25.9.–28.11.1971

*Landschaft heute,* Städtische Kunstsammlungen im Haus zum Cavazzen, Lindau, 23.10.–14.11.1971

*Neue Landschaft,* Galerie Herzog, Mannheim, 24.10.–31.12.1971

*Plastik, Objekte. Bilder. Grafik,* Galerie Defet, Nürnberg, 6.11.–29.11.1971

*Landschaft. Landschaft. Beiträge zur Landschaftsdarstellung der letzten Jahre,* Celle, Göttingen, Hagen, Hameln, Kassel, Mannheim, Salzgitter, Wiesbaden, Wolfsburg, 1971

*Neue Tendenzen in der Landschaftsdarstellung,* Böttcherstraße Bremen, 1971

*Auswahl aus der Sammlung. Graphiken. Bilder. Plastiken. Objekte,* Galerie bei Antpöhlers, Bremen, 28.1.–6.2.1972

*German Art of the Sixties,* Kapstadt, Prätoria, Durban, Port Elizabeth, Bielefeld, 1972

*Landschaften heute,* Kunsthandlung Heinrich Schrag, Nürnberg, 1972

*Monochrome Akribie,* Galerie Teufel, Köln, 1972

*Fünf Aspekte der Landschaft,* Galerie im Hause Behr, Hindenburgbau, Stuttgart, 17.1.–17.2.1973

*Große Kunstausstellung München 1973. Neue Gruppe,* Haus der Kunst, München, 16.6.–9.9.1973

*Die Original-Zeichnung,* Kunstverein Schwetzingen e.V., Schwetzingen, 29.9.–28.10.1973

*15. Jahresausstellung der Gesellschaft der Freunde junger Kunst Baden-Baden: Das kleine Format,* Staatliche Kunsthalle, Baden-Baden, 5.10.–11.11.1973

*Künstler grüßen Bamberg. 150 Jahre Kunstverein Bamberg. 1823–1973,* E.T.A. Hoffmann-Theater, Bamberg, 1.12.1973–13.1.1974

*Kunstausstellung Wehr-Öflingen 1974,* Evangelische Kirche, Öflingen, 11.5.–30.6.1974

*Künstler der Galerie,* Galerie Defet, Nürnberg, 6.7.–9.9.1974

*Metamorphosen. Aspekte zum Menschenbild. 1. Ausstellung aus der Sammlung internationaler zeitgenössischer Kunst,* Kunsthalle Nürnberg, Nürnberg, Juli – November 1974

*Poesie in der Landschaft,* Galerie von Loeper, Hamburg, 3.10.–15.11.1974

*70 Jahre Kunstverein Erlangen e.V., 1904–1974,* Städtische Galerie, Palais Stutterheim, Erlangen, November–Dezember 1974

*Die Landschaft in der deutschen Graphik des 20. Jahrhunderts,* Staatliche Graphische Sammlung, München, 24.11.1974–5.1.1975, Städtische Kunstsammlungen, Ludwigshafen, 16.1.–23.2.1975, Farbwerke Hoechst, Frankfurt, Jahrhunderthalle, Frankfurt, 28.2.–20.3.1975

*18 deutsche Zeichner,* Staatliche Kunsthalle, Baden-Baden, 6.12.1974–26.1.1975

*6 deutsche Zeichner,* Holbeinhaus, Kunstverein Augsburg, Augsburg, 12.7.–24.8.1975

*Kunst zur Meditation*, St. Sebald, Nürnberg, 17.10.–14.12.1975

*Kleine Originale*, Galerie Rothenstein, Bremen, 14.11.–19.12.1975

*Das schwarze Bild*, Galerie am Wochenende, Feldkirchen, November 1975 – Februar 1976

*Kunstausstellung Wehr-Öflingen 1977*, Evangelische Kirche, Öflingen, 7.5.–19.6.1977

*11 deutsche Maler*, Kunsthalle Kiel, Kiel, 19.6.–6.8.1977

*25. Jahresausstellung des Deutschen Künstlerbundes e.V.*, Frankfurter Kunstverein, Karmelitenkloster, Wandelhalle in der Paulskirche, Frankfurt a. M., 23.6.–7.8.1977

*documenta 6: Handzeichnungen. Formen und Funktionen der Zeichnung in den sechziger und siebziger Jahren*, Orangerie, Kassel, 24.6.–2.10.1977

*Zehn deutsche Maler. Eine Ausstellung des Kulturkreises im Bundesverband der deutschen Industrie e.V.*, Galerie im Hause Behr, Hindenburgbau, Stuttgart, 7.9.–8.10.1977

*Deutsche Handzeichnung heute*, (zusammengestellt von der Galerie St. Johann, Saarbrücken, im Auftrag der Goethe-Institute in Italien und den Kultur- und Informationszentren der BRD in Belgrad und Zagreb), Rom, Neapel, Genua, Turin, Mailand, Padua, Triest, Zagreb, Belgrad, 1977–1978

*Druckgrafik der 70er Jahre in Deutschland*, Galerie der Stadt Sindelfingen, Sindelfingen, 2.4.–5.5.1978

*28. Bayreuther Kunstausstellung*, Neues Schloß der Eremitage, Bayreuth, 23.7.–27.8.1978

*26. Jahresausstellung des Deutschen Künstlerbundes e.V.; Artikulation des Raumes*, Akademie der Künste, Nationalgalerie Berlin, Staatliche Kunsthalle, Berlin, 18.11.1978–3.1.1979

*21. Jahresausstellung. Neue Darmstädter Sezession. Malerei, Grafik, Plastik*, Mathildenhöhe, Darmstadt, 13.5.–24.6.1979

*Große Kunstausstellung München 1979. Neue Gruppe*, Haus der Kunst, München, 14.6.–23.9.1979

*Bayreuther Kunstausstellung*, Neues Schloß der Eremitage, Bayreuth, 22.7.–26.8.1979

*27. Jahresausstellung des Deutschen Künstlerbundes e.V.*, Kunstgebäude am Schloßplatz, Stuttgart, 29.9.–4.11.1979

*Zeichnungen*, Galerie Bernd Lutze, Friedrichshafen, 4.10.–9.11.1979

*Der Kopf. Plastik, Malerei, Zeichnung, Grafik*, Galerie Holbein, Lindau, 24.11.1979–6.1.1980

*25 Jahre Kunstpreis der Stadt Darmstadt*, Kunsthalle Darmstadt, Darmstadt, 13.4.–8.6.1980

*Mensch und Umfeld*, Galerie der Künstler, Münchner Rathaus, 7.5.–5.6.1980

*8. Öflinger Kunstausstellung*, Evangelische Kirche, Öflingen, 17.5.–30.6.1980

*Spuren der Zeit*, Otto-Richter-Halle, Würzburg, 1.6.–30.6.1980

*Künstler aus Süddeutschland*, Kunstverein Salzgitter e.V., Salzgitter, 6.7.–27.7.1980

*Jahresausstellung 1980. Arbeitskreis 68. Künstlergemeinschaft e.V.*, Rathaus, Wasserburg am Inn, 2.8.–7.9.1980

*28. Jahresausstellung des Deutschen Künstlerbundes e.V.*, Kunstverein Hannover, Hannover, 27.9.–9.11.1980

*ars viva 80/81. Handzeichnungen von Preisträgern des Kulturverbandes im Bundesverband der Deutschen Industrie e.V.*, Kunstsammlungen der Veste Coburg, Coburg, 11.10.–30.11.1980, Siemens AG, München, 1.1.–15.2.1981, Galerie der Stadt Kornwestheim, Kornwestheim, 6.3.–20.4.1981, Bayer AG, Leverkusen, 17.9.–11.10.1981

*Christusbild im 20. Jahrhundert*, Neue Galerie der Stadt Linz, Wolfgang-Gurlitt-Museum, Linz, 12.3.–31.5.1981

*Große Kunstausstellung München 1981. Neue Gruppe*, Haus der Kunst, München, 13.6.–20.9.1981

*Sammlung Lütze II: Kunst des 20. Jahrhunderts aus Süddeutschland*, Wilhelm-Hack-Museum, Ludwigshafen, 23.8.–4.10.1981

*Kunstszene Nürnberg – Positionen und Tendenzen*, Schloß Stein, Nürnberg, 18.9.–18.10.1981

*29. Jahresausstellung des Deutschen Künstlerbundes e.V.*, Germanisches Nationalmuseum, Nürnberg, 26.9.–8.11.1981

*Dimension '81 – Neue Tendenzen in der Zeichnung*, Ausstellung der Phillip Morris GmbH, Kunstverein München, München, 7.10.–15.11.1981, Berlinische Galerie, Berlin, 5.2.–14.3.1982, Kunstmuseum, Düsseldorf, 27.3.–9.5.1981

*Kontext Kirche*, Dienstgebäude der Kirchenverwaltung, Darmstadt, 28.10.–18.12.1981

*28x Kunst. Neuerwerbungen der Städtischen Sammlung Erlangen*, Städtische Galerie, Erlangen, 3.11.–22.11.1981

*Die Handzeichnungen der Gegenwart II. Neuerwerbungen seit 1970*, Graphische Sammlung, Staatsgalerie, Stuttgart, 15.5.–25.7.1982

*2. Bremer Kunstausstellung. Zeichnungen – Arbeiten auf Papier*, Gesellschaft für Aktuelle Kunst e.V., Bremen, 23.5.–20.6.1982

*Ansichten, Strukturen, Horizonte. Landschaften deutscher Künstler*, Bundeskanzleramt, Bonn, Germanisches Nationalmuseum, Nürnberg, 25.5.–12.12.1982

*Torso als Prinzip*, Kasseler Kunstverein, Kassel, 16.6.–22.8.1982

*Bilder sind nicht verboten*, Städtische Kunsthalle Düsseldorf, Düsseldorf, 28.8.–24.10.1982

*Deutsche Zeichnung der Gegenwart*, Ausstellung der Lufthansa, Museum Ludwig, Köln, 24.9.–14.11.1982

*Junge Kunst in Deutschland*, Kunstverein Köln, Köln, 13.11.1982–9.1.1983, Nationalgalerie Berlin, Berlin, 20.1.–20.2.1983, Städtische Galerie im Lenbachhaus, München, 20.4.–29.5.1983

*Todesbilder in der zeitgenössischen Kunst mit einem Rückblick auf Hodler und Munch*, Kunstverein Hamburg, Hamburg, 23.4.–5.6.1983, Städtische Galerie im Lenbachhaus, München, 9.8.–11.9.1983

*Kunstausstellung Wehr-Öflingen 1983*, Evangelische Kirche, Öflingen, 28.5.–26.6.21983

*Große Kunstausstellung München 1983. Neue Gruppe*, Haus der Kunst, München, 2.7.–18.9.1983

*Neue Malerei in Deutschland. Dimension IV*, Ausstellung der Phillip Morris GmbH, Nationalgalerie Berlin, Berlin, 10.9.–30.10.1983, Haus der Kunst, München, 14.1.–26.2.1984, Städtische Kunsthalle, Düsseldorf, 16.5.–17.6.1984

*Gustav Stein. Sammler – Förderer – Freund*, Wilhelm-Lehmbruck-Museum, Duisburg, 11.9.–30.10.1983

*Köpfe und Gesichter*, Kunsthalle Darmstadt, Darmstadt, 11.9.–6.11.1983

*Imago – das künstlerische Credo. Transzendenz und Spiritualität in der Kirche heute*, St. Lorenz, Nürnberg, 15.9.–16.10.1983

*Gifts from 31 artists from the Federal Republic of Germany*, National Gallery of Modern Art, Jaipur House, New Delhi, 25.10.–13.11.1983

*Gesichter und Gestalten. Das Bildnis des Menschen in der Kunst unserer Zeit*, Kulturkreis Denzlingen, 15.4.–23.4.1984

*10 Jahre Galerie Holbein*, Galerie Holbein, Lindau, 12.5.–17.6.1984

*Künstler setzen Raumzeichen*, Symposion Vogelherd, Nürnberg, 21.5.–2.6.1984

*Große Kunstausstellung München 1984. Neue Gruppe*, Haus der Kunst, München, 30.6.–16.9.1984

*Fränkische Kunst 84*, Kaiserburg Nürnberg, Kunsthaus Nürnberg, Nürnberg, 15.7.–9.9.1984

*1. Nationale der Zeichnung Augsburg. Deutsche Zeichner der Gegenwart*, Kreissparkasse Augsburg, Atelier-Galerie Oberländer, Augsburg, 6.10.–20.11.1984

*Menschenbild. Christusbild*, Hochschule St. Georgen, Frankfurt a. M., 13.11.–6.12.1984

*Krankheit und Kranksein in der Gegenwart*, Rathaus, Marburg, 22.3.–28.4.1985, Bundesgesundheitsamt, Berlin, 7.5.–9.6.1985, Deutsches Medizinisches Museum, Ingolstadt, 17.10.–15.12.1985

*Neuerwerbungen '75–'85. Von Courbet bis Beuys*, Nationalgalerie Berlin, Staatliche Museen Preußischer Kulturbesitz, Berlin, 13.7.–25.8.1985

*Apokalypse. Ein Prinzip Hoffnung? Ernst Bloch zum 100. Geburtstag*, Wilhelm-Hack-Museum, Ludwigshafen, 8.9.–17.11.1985

*Sammlung Lütze II: Kunst des 20. Jahrhunderts aus Süddeutschland. Plastik aus 100 Jahren*, Städtisches Museum, Schwäbisch Gmünd, 15.9.–20.10.1985

*Kunst in der Bundesrepublik Deutschland, 1945–1985*, Nationalgalerie Berlin, Berlin, 27.9.1985–12.1.1986

*2. Nationale der Zeichnung Augsburg. Figur – Raum*, Kreissparkasse Augsburg, Atelier-Galerie Oberländer, Augsburg, 5.10.1985–10.1.1986

*Fahnen zu Ost-West II*, Meistersingerhalle, Nürnberg, 12.6.–14.6.1986 (anläßlich des Jubiläums-Festivals Jazz Ost-West 1986)

*Förderpreis 1956/1986. Teil 1*, Kunsthaus, Nürnberg, 15.6.–27.7.1986

*Eine Form finden. 10 Bildhauer in Franken*, Kunsthalle Nürnberg, Nürnberg, 5.7.–17.8.1986

*Die andere Seite. Herbert Falken, Pastelle. Peter Gilles, Eigenblutanthropometrien. Werner Knaupp, Eisenskulpturen*, Galerie Manfred Rieker, Heilbronn, 4.10.–3.11.1986

*3. Nationale der Zeichnung Augsburg. Der bedrohte Mensch*, Kreissparkasse Augsburg, Atelier-Galerie Oberländer, Augsburg, 8.11.1986–9.1.1987

*Einblicke. 35 Jahre Künstlerförderung im Bundesverband der Deutschen Industrie*, Bundeskanzleramt, Bonn, ab 26.5.1987

*Ecce homo. Vom Christusbild zum Menschenbild*, Alte Brüderkirche, Kassel, Juni – September 1987

*Große Kunstausstellung München 1987. Neue Gruppe,* Haus der Kunst, München, 27.6.–13.9.1987

*Große Kunstausstellung NRW,* Kunstpalast Düsseldorf, 29.11.–3.1.1988

*Schöpfung zwischen Untergang und neuer Welt,* Fellbach, Sigmaringen, Backnang, Waiblingen, Schorndorf, Pforzheim, Lörrach, Karlsruhe, Mannheim, Wiesloch, Schwetzingen, Wachenheim, 1987–1988

*Bildhauer zeichnen,* Galerie Pels-Leusden, Villa Grisebach, Berlin, 13.2.–5.4.1988

*Figurationen,* Galerie Lietzow, Berlin, 14.2.–11.3.19888

*11. Japanische Metallbildnerausstellung,* Galerie Ginza Wakko, Tokyo-Ginza, Shinano-Museum, Nagano, Februar – Mai 1988

*Schlachtfeld,* Galerie Koppelmann, Köln, 29.4.–5.6.1988

*Bildhauer zeichnen,* Galerie Rothe, Heidelberg, 7.5.–12.6.1988

*Viva – Bilder vom Tod – Skulpturen,* Kunstverein Lingen, Lingen, 13.5.–12.6.1988

*Bildhauer der Galerie: 2. Eröffnungsausstellung der Galerie Rothe,* Galerie Rothe, Frankfurt a.M., 30.5.–2.7.1988

*Künstler in der Overbeck-Gesellschaft. Damals und heute,* Overbeck-Gesellschaft, Lübeck, 11.6.–7.8.1988

*16 Bildhauer zum Thema: Köpfe im Freien,* Neue Darmstädter Sezession, Darmstadt, 11.6.–25.9.1988

*10 Jahre Kunstpreis. Preisträger 1978 bis 1988,* Kreissparkasse, Esslingen-Nürtingen, 7.11.1988–8.1.1989

*Auf Papier,* Galerie Manfred Rieker, Heilbronn, 27.11.–23.12.1988

*4. Triennale Fellbach 1989. Kleinplastik,* Fellbach, 24.6.–6.8.1989

*„Museumsskizze",* Kunsthalle Nürnberg, Norishalle, Nürnberg, 24.6.–6.8.1989

*Graphik der 70er Jahre in Deutschland,* Städtisches Bodenseemuseum, Friedrichshafen, 28.9.–29.10.1989

*Für Lübeck gesammelt. 10 Jahre Verein der Freunde des Museums,* Museum für Kunst und Kulturgeschichte, Lübeck, St. Annen-Museum, Lübeck, 13.5.–5.8.1990

*Der Kopf. Bilder, Aquarelle, Zeichnungen, Grafik, Skulptur,* Galerie Bäumler, Regensburg, 25.5.–5.7.1990

*Sammlung Lütze III: Arbeiten auf Papier von Bildhauern und Objektkünstlern des 19. und 20. Jahrhunderts aus Süddeutschland. Malerei – Zeichnung – Collage,* Mannheimer Kunstverein e.V., Mannheim, 24.2.–7.4.1991, Esslinger Kunstverein e.V., Esslingen, 9.6.–21.7.1991, Kunstverein Augsburg e.V., Augsburg, 18.8.–29.9.1991

*10 Jahre neue Kunst,* Galerie Manfred Rieker, Heilbronn, 10.4.–17.5.1991

*27. Ausstellung der Darmstädter Sezession. Schwarzweiß in der Fläche, Farbe im Raum,* Mathildenhöhe, Darmstadt, 19.5.–23.6.1991

*Köpfe,* Kunstverein Wolfenbüttel, Wolfenbüttel, 26.5.–7.7.1991

*Brandspuren. Das Element Feuer in der neueren Skulptur,* Museum Folkwang, Essen, 4.8.–13.10.1991

*Sammlung Lütze II: 80 Skulpturen und Objekte der 80er Jahre aus Süddeutschland,* Galerie der Stadt Rastatt, Rastatt, 9.10.–3.11.1991

*Todes-Bilder, Lebens-Bilder,* Ihlenfeldkaserne, Offenburg, 27.10.–31.12.1991, Amalie-Sieveking-Krankenhaus, Hamburg, 24.1.–23.2.1992

*7. Nationale der Zeichnung Augsburg. Bildhauer-Zeichnung,* Kreissparkasse Augsburg, Atelier-Galerie Oberländer, Augsburg, 16.11.1991–10.1.1992

*Kunst in Fürth 91: Zwanzig Sockel,* Stadthalle, Fürth 5.12.–9.12.1991

*Finissage der Galerie Rothe,* Galerie Rothe, Heidelberg, 9.2.–1.3.1992

*Aus der Sammlung. Seit 25 Jahren,* Kunsthalle Nürnberg, Norishalle, Nürnberg, 8.3.–21.6.1992

*Das Kreuz als Zeichen in der Gegenwartskunst,* Hospitalhof, Evangelisches Bildungswerk, Stuttgart, 8.5.–14.6.1992

# LITERATUR

Beckelmann, Jürgen: „Der Tod und das Leiden. Werner Knaupps Bilder 1977 bis 1982 in einer Ausstellung der Neuen Nationalgalerie, West-Berlin", in: *Nürnberger Nachrichten*, 19.5.1983

Blechen, Camilla: „Werner Knaupp in Bremen. Bilder vom Tod", in: *Frankfurter Allgemeine Zeitung*, 1.7.1983

Böcker, Felix: (Einleitung), in: *Werner Knaupp. Köpfe und Figuren*, Ausstellungskatalog Galerie Defet, Nürnberg und Kunstverein Ludwigshafen, 1978

Böcker, Felix: (Vorwort), in: *Werner Knaupp. Kunst im Alten Schloß*, Ausstellungskatalog Universität Bayreuth in Zusammenarbeit mit der SchmidtBank Bayreuth und dem Kunstverein Bayreuth, 1980–1981

Böcker, Felix: „Werner Knaupp", in: *Sandorama*, 1986, Heft 2, S. 26–27

Botterbusch, Vera: „Werner Knaupp. Annäherung", in: *Galeriebuch der Galerie Hermeyer*, München 1984, S. 50

Brackert, Gisela: „Votum für K", in: *Magazin Kunst*, 1969, Heft 34, S. 1146

Brackert, Gisela: (Text ohne Titel), in: *Werner Knaupp. Vulkanbilder*, Ausstellungskatalog Galerie Defet, Nürnberg 1969

Brackert, Gisela: „Die Ländereien des Werner Knaupp", in: *Werner Knaupp Werkverzeichnis Bilder und Zeichnungen 1965 bis 1971, Druckgrafik 1965 bis 1973*, herausgegeben vom Institut für moderne Kunst Nürnberg, 1974

Brockhaus, Christoph: „Zum Werk von Werner Knaupp", in: *Max-Lütze-Medaille für Werner Knaupp*, Stuttgart 1983, S. 8–12

Demisch, Eva Maria: „Werner Knaupp", in: *Magazin Kunst*, 1969, Heft 34, S. 1151

Dienst, Rolf-Gunter: „Werner Knaupp", in: Rolf-Gunter Dienst: *Noch Kunst. Neuestes aus deutschen Ateliers*, Düsseldorf 1970, S. 148–155

Dienst, Rolf-Gunter: „Werner Knaupp", in: Rolf-Gunter Dienst: *Deutsche Kunst: eine neue Generation*, Köln 1970

Dienst, Rolf-Gunter: (Ausschnitt aus einem Interview mit Werner Knaupp von 1970), in: *Werner Knaupp. Lofoten, Horizonte, Wolken, Regen*, Ausstellungskatalog Frankfurter Kunstkabinett Hanna Bekker vom Rath, Frankfurt 1971

Fath, Manfred: „Vorwort", in: *Werner Knaupp. Feuer und Eisen. Skulpturen 1984–1986*, Ausstellungskatalog Städtische Kunsthalle Mannheim, 1986, S. 7–8

Fenn, Walter: „Chiffren vom Vulkan", in: *Nürnberger Nachrichten*, 16.4.1969

Fenn, Walter: „Schreckensbilder. Zu den neuen Arbeiten von W. Knaupp", in: *Nürnberger Nachrichten*, 5.5.1977

Fenn, Walter: „Bilder des Schreckens – Akt des Annullierens. Zu den neueren Zeichnungen von Werner Knaupp", in: *Kunstmagazin*, 17, 1977, Heft 4, S. 104–105

Fenn, Walter: „Im Schattenreich. Zeichnungen von Werner Knaupp in der Nürnberger Galerie Defet", in: *Nürnberger Nachrichten*, 14.4.1978

Fenn, Walter: „Der schwarze Tod. Neue Arbeiten von Werner Knaupp in der Nürnberger Galerie Defet", in: *Nürnberger Nachrichten*, 1.10.1980

Fenn, Walter: „Das Schwarz des Todes. Werner Knaupp – Bilder 1977 bis 1982", in: *Nürnberger Nachrichten*, 22.10.1983

Fenn, Walter: „Was bleibt, wenn alles zu Ende ist. Die Leidensbilder und Todeslandschaften des Werner Knaupp", in: *Nürnberger Nachrichten*, 27./28.7.1985 (anläßlich des Kulturpreises 1985)

Finckh, Gerhard: „Interview mit Werner Knaupp", in: *Brandspuren. Das Element Feuer in der neueren Skulptur*, Ausstellungskatalog Museum Folkwang, Essen 1991, S. 48–52

Friedel, Helmut: „Die Hülle", in: *Werner Knaupp. Die Hülle*, Ausstellungskatalog Kunstforum Städtische Galerie im Lenbachhaus, München 1987

Gallwitz, Klaus: „Werner Knaupp", in: *Junge deutsche Künstler, 14 x 14*, Ausstellungskatalog Staatliche Kunsthalle Baden-Baden, 1968

Gallwitz, Klaus: „Werner Knaupp. Bilder", in: *Werner Knaupp '68*, Faltblatt Galerie Stangl, München 1968

Gassen, Richard W.: „'Braune Wand' 1981/82, 'Adamah' 14.9.82, '12er Reihe' (Lebensspur 1984)", in: Richard W. Gassen, Bernhard Holeczek (Hrsg.): *Apokalypse. Ein Prinzip Hoffnung? Ernst Bloch zum 100. Geburtstag*, Ausstellungskatalog Wilhelm-Hack-Museum, Ludwigshafen 1985, S. 310–313

Gercke, Hans: „Zu den Arbeiten von Werner Knaupp", in: *Kunstreport*, 1981, Heft 3–4, S. 29–32

Gercke, Hans: (Text ohne Titel), in: *Werner Knaupp. Köpfe, Figuren, Verbrennungen*, Ausstellungskatalog Westfälisches Landesmuseum für Kunst und Kulturgeschichte Münster und Heidelberger Kunstverein, 1982

van der Grinten, Franz Joseph: (Text ohne Titel), in: *Werner Knaupp. Kunst im Alten Schloß*, Ausstellungskatalog Universität Bayreuth in Zusammenarbeit mit der SchmidtBank Bayreuth und dem Kunstverein Bayreuth, 1980–1981, wieder abgedruckt in: *Galeriebuch der Galerie Hermeyer*, München 1981, S. 40–41 van der Grinten, Franz Joseph: (Text ohne Titel), in: *Galeriebuch der Galerie Hermeyer*, München 1981, S. 40–41, Wiederabdruck aus: *Werner Knaupp. Kunst im Alten Schloß*, Ausstellungskatalog Universität Bayreuth in Zusammenarbeit mit der SchmidtBank Bayreuth und dem Kunstverein Bayreuth, 1980–1981

van der Grinten, Franz Joseph: „Aus der Distanz ins Zentrum. Werner Knaupps eindringliche Formensprache jenseits des Schönen", in: *Musik und Medizin*, Februar 1981, Heft 2, S. 92–93

Grisebach, Lucius: „Werner Knaupp – Bilder 1977 bis 1982", in: *Werner Knaupp. Bilder 1977–1982*, Ausstellungskatalog Nationalgalerie Berlin, Staatliche Museen Preußischer Kulturbesitz, Kunsthalle Bremen, Overbeck-Gesellschaft Lübeck, Germanisches Nationalmuseum Nürnberg in Zusammenarbeit mit dem Institut für moderne Kunst Nürnberg, 1983, S. 7–17

Grisebach, Lucius: „Werner Knaupp. Kreuzweg 1977–79", in: *„Museumsskizze"*, Ausstellungskatalog Kunsthalle Nürnberg, Norishalle, 1989, S. 13–14

Güse, Ernst-Gerhard: (Text ohne Titel), in: *Werner Knaupp. Köpfe, Figuren, Verbrennungen*, Ausstellungskatalog Westfälisches Landesmuseum für Kunst und Kulturgeschichte Münster und Heidelberger Kunstverein, 1982

Harten, Jürgen: „Werner Knaupp", in: *Bilder sind nicht verboten*, Ausstellungskatalog Städtische Kunsthalle Düsseldorf und Kunstverein für die Rheinlande und Westfalen, Düsseldorf 1982, S. 248–249

von Helmholt, Christa: „Vulkane aus dem Kugelschreiber. Werner Knaupp im Frankfurter Kunstkabinett", in: *Frankfurter Allgemeine Zeitung*, 15.4.1971

Herbert, Petra: *Die Auseinandersetzung mit Sterben und Tod in den Arbeiten von Thomas Duttenhoefer und Werner Knaupp*, Magisterarbeit, vorgelegt an der Johann Wolfgang Goethe-Universität Frankfurt a. M., 1991 (Maschinenschrift)

Hermeyer, Jürgen: (Text ohne Titel), in: *Werner Knaupp. Skulpturen*, Ausstellungskatalog Galerie Hermeyer, München 1984

Heusinger von Waldegg, Joachim: „Über einen Grenzgänger", in: *Werner Knaupp. Köpfe, Figuren, Verbrennungen*, Ausstellungskatalog Städtische Kunsthalle Mannheim, 1981, S. 3–8

Heusinger von Waldegg, Joachim: „Werner Knaupp", in: *Kunst für den Bund. Erwerbungen seit 1970*, Ausstellungskatalog Städtisches Kunstmuseum Bonn, 1981–1982, S. 174

Heusinger von Waldegg, Joachim: „Werner Knaupp", in: *Todes-Bilder, Lebens-Bilder*, Ausstellungskatalog Eltern- und Patienteninitiative zur Bekämpfung der Mukoviszidose e.V. Ortenaukreis, Freiburg 1991, S. 16

Hopfengart, Christine: „Werner Knaupp. Kopf (für Antes) 1973", in: *Aus der Sammlung. Seit 25 Jahren*, Ausstellungskatalog Kunsthalle Nürnberg, Norishalle, 1992, S. 18

Jensen, Jens Christian: „Zum Werk von Werner Knaupp", in: *11 deutsche Maler*, Ausstellungskatalog Kunsthalle Kiel, 1977, S. 116–118

Kliemann, Thomas: „Der Drang zur Farbigkeit. Arbeiten in Pastellkreide von Werner Knaupp", in: *Nürnberger Zeitung*, 26.11.1988

*Werner Knaupp. Zeichungen und Aquarelle*, Ausstellungskatalog Kleine Galerie (Galerie Defet), Nürnberg 1965

*Werner Knaupp. Vulkanbilder*, Ausstellungskatalog Galerie Defet, Nürnberg 1969, mit einem Text von Gisela Brackert

*Werner Knaupp. Lofoten, Horizonte, Wolken, Regen*, Ausstellungskatalog Frankfurter Kunstkabinett Hanna Bekker vom Rath, Frankfurt a. Main 1971, mit einem Text von Rolf-Gunter Dienst

*Werner Knaupp. Werkverzeichnis. Bilder und Zeichnungen von 1965 bis 1971, Druckgrafik 1965 bis 1973*, bearbeitet von Barbara Knaupp und Hansfried Defet, Einführung von Heinz Neidel, herausgegeben vom Institut für moderne Kunst Nürnberg, 1974

*Werner Knaupp. Köpfe und Figuren*, Ausstellungskatalog Galerie Defet, Nürnberg und Kunstverein Ludwigshafen, 1978, mit einer Einleitung von Felix Böcker

*Werner Knaupp*, Ausstellungskatalog Galerie Hermeyer, München und Galerie Lutz, Stuttgart, 1979

*Werner Knaupp. Kunst im Alten Schloß*, Ausstellungskatalog Universität Bayreuth in Zusammenarbeit mit der SchmidtBank Bayreuth und dem Kunstverein Bayreuth, 1980–1981, mit einem Vorwort von Felix Böcker und Texten von Eberhard Roters: „Durchgang durch Null", und Franz Joseph van der Grinten: „Text ohne Titel".

*Werner Knaupp. Köpfe, Figuren, Verbrennungen. Arbeiten 1977–1981*, Ausstellungskatalog Städtische Kunsthalle Mannheim, 1981, mit einem Text von Joachim Heusinger von Waldegg: „Über einen Grenzgänger"

*Werner Knaupp. Köpfe, Figuren, Verbrennungen*, Ausstellungskatalog Westfälisches Landesmuseum für Kunst und Kulturgeschichte Münster und Heidelberger Kunstverein, 1982, mit Texten von Ernst-Gerhard Güse und Hans Gercke

*Werner Knaupp. Bilder 1977–1982*, Ausstellungskatalog Nationalgalerie Berlin, Staatliche Museen Preußischer Kulturbesitz, Kunsthalle Bremen, Overbeck-Gesellschaft Lübeck,

Germanisches Nationalmuseum Nürnberg in Zusammenarbeit mit dem Institut für moderne Kunst Nürnberg, 1983, mit einem Text von Lucius Grisebach: „Werner Knaupp. Bilder 1977 bis 1982"

*Werner Knaupp. Skulpturen*, Ausstellungskatalog Galerie Hermeyer, München 1984, mit Texten von Jürgen Hermeyer und Werner Knaupp

*Werner Knaupp. Feuer und Eisen. Skulpturen 1984–1986*, Ausstellungskatalog Städtische Kunsthalle Mannheim, 1986, mit einem Vorwort von Manfred Fath und einem Text von Peter Anselm Riedl: „Zu den plastischen Arbeiten von Werner Knaupp"

*Werner Knaupp. Körper-Hüllen. Eisenskulpturen und Zeichnungen*, Ausstellungskatalog Suermondt-Ludwig-Museum, Aachen 1986, mit einem Text von Renate Puvogel: „Gedanken zu den Skulpturen des Werner Knaupp"

*Werner Knaupp. Die Hülle*, Ausstellungskatalog Kunstforum der Städtischen Galerie im Lenbachhaus, München 1987, mit einem Text von Helmut Friedel: „Die Hülle"

*Werner Knaupp. Kreuzweg II, 1979/88*, Heilbronner Museumskatalog Nr. 42, Reihe Städtische Galerie, Sammlungsdokumentation „Zyklen" (I), herausgegeben von Andreas Pfeiffer, Heilbronn 1992, mit einem Text von Brigitte Rieger-Jähner: „Grenzüberschreitungen, Kreuzweg II, 1979/88"

Knaupp, Werner: „Stellungnahme auf dem Symposium 'Moderne Kunst im Kirchenraum' im Evangelischen Studienzentrum Heilig-Geist, Nürnberg, 23.11.1977", in: *Kirche und Kunst*, 57, 1979, Heft 1, S. 9

Knaupp, Werner: „Stellungnahme zur Verleihung des Kunstpreises der Bayerischen Landeskirche am 16.3.1983 im Landeskirchenamt München", in: Reiner Sörries: *Die Evangelischen und die Bilder. Reflexionen einer Geschichte*, Erlangen 1983, S. 233

Knaupp, Werner: (Text ohne Titel), in: *Werner Knaupp. Skulpturen*, Ausstellungskatalog Galerie Hermeyer, München 1984

Knaupp, Werner: „Erfahrungen mit der Kirche als Institution", in: Rainer Beck, Rainer Volp, Gisela Schmirber (Hrsg.): *Die Kunst und die Kirchen. Der Streit um die Bilder heute*, München 1984, S. 24–27

Knaupp, Werner: (Text über die Arbeit in der Schmiede mit Hans Hahn), in: *4. Triennale Fellbach 1989. Kleinplastik*, Ausstellungskatalog Fellbach, 1989, S. 262

Kraft, Helmut: „Jenseits des Schreis. Neue Bilder von Werner Knaupp 1977 bis 1982", in: *Deutsches Ärzteblatt*, 80, Oktober 1983, Heft 42, S. 72–73

*Kunstpreis der Evangelisch-Lutherischen Kirche in Bayern: Karlheinz Hoffmann, Werner Knaupp*, herausgegeben vom Landeskirchenrat der Evangelisch-Lutherischen Kirche in Bayern, München 1983, mit einer Laudatio von Hans Roser für Werner Knaupp

Leidokat, Karl-Heinz: „Expeditionen in die Tiefe unserer Seelen", in: *Nürnberger Nachrichten*, 14./15.10.1978

Mahlow, Dietrich: „Werner Knaupp", in: *Homentage a Joan Miro*, Ausstellungskatalog Granollers (Spanien), 1971, S. 26–27

*Max-Lütze-Medaille für Werner Knaupp*, herausgegeben vom Familienverband Lütze e.V., Stuttgart 1983, mit einem Text von Christoph Brockhaus: „Zum Werk von Werner Knaupp"

Mennekes, Friedhelm: „Werner Knaupp. Im Werk", in: Franz Joseph van der Grinten, Friedhelm Mennekes: *Menschenbild – Christusbild. Auseinandersetzung mit einem Thema der Gegenwartskunst*, Stuttgart 1984, S. 100–101

Neidel, Heinz: „Neue Bilder des Nürnbergers W. Knaupp. Marsch zur Sensibilität", in: *Abendzeitung*, 18.10.1972

Neidel, Heinz: „Topographie des Bewußtseins", in: *Werner Knaupp '68. Neue Bilder. Graphik*, Faltblatt Galerie Rothe, Heidelberg 1972

Neidel, Heinz: „Einführung", in: *Werner Knaupp. Werkverzeichnis Bilder und Zeichnungen 1965 bis 1971, Druckgrafik 1965 bis 1973*, bearbeitet von Barbara Knaupp und Hansfried Defet, herausgegeben vom Institut für moderne Kunst Nürnberg, 1974

Neudecker, Norbert: „Der alltägliche Tod. Das Werk des Werner Knaupp", in: *Nürnberg Heute*, Dezember 1984, Heft 37, S. 49–55

Pée, Herbert: „Werner Knaupp. Ausstellung neuer Bilder", in: *Werner Knaupp '72*, Faltblatt Galerie Stangl, München 1972

Puvogel, Renate: „Gedanken zu den Skulpturen des Werner Knaupp", in: *Werner Knaupp. Körper-Hüllen. Eisenskulpturen und Zeichnungen*, Ausstellungskatalog Suermondt-Ludwig-Museum, Aachen 1986, S. 5–9

Raschzok, Klaus: „Bilder der Erniedrigung. Tendenzen im Christusbild der Gegenwart", in: *Kirche und Kunst*, 59, 1981, Heft 2, S. 29–39

Raschzok, Klaus: „Die Bilder des Werner Knaupp. Eine theologische Herausforderung", in: *Das Münster*, 34, 1981, Heft 2, S. 121–127

Raschzok, Klaus: „Feuer und Eisen. Neue Arbeiten von Werner Knaupp", in: *Kirche und Kunst*, 1984, Heft 2, S. 27–29

Raschzok, Klaus: „Feuer und Eisen", in: *Kunst und Kirche*, 1985, Heft 2, S. 126–127

Riedl, Peter Anselm: „Todes-Horizonte. Zur Kunst des Werner Knaupp", in: *Pantheon*, 42, 1984, Heft 1, S. 43–48

Riedl, Peter Anselm: (Werner Knaupp), in: *Eine Form finden. 10 Bildhauer in Franken*, Ausstellungskatalog Kunsthalle Nürnberg, 1986, S. 22

Riedl, Peter Anselm: „Zu den plastischen Arbeiten von Werner Knaupp", in: *Werner Knaupp. Feuer und Eisen. Skulpturen 1984–1986*, Ausstellungskatalog Städtische Kunsthalle Mannheim, 1986, S. 9–12

Riedl, Peter Anselm: „Erde und Feuer. Bemerkungen zu Werner Knaupp", in: *Nike. New Art in Europe*, August 1992, Nummer 43, S. 16–17

Rieger-Jähner, Brigitte: „Grenzüberschreitungen. Kreuzweg II, 1979/1988", in: *Heilbronner Museumskatalog Nr. 42*, Reihe Städtische Galerie, Sammlungsdokumentation, „Zyklen" (I), herausgegeben von Andreas Pfeiffer, Heilbronn 1992

Roh, Juliane: „Werner Knaupp", in: Juliane Roh: *Deutsche Kunst der 60er Jahre. Malerei, Collage, Op-Art, Graphik*, München 1971, S. 238–239

Roh, Juliane: „Werner Knaupp", in: *Das Kunstwerk*, 25. Mai 1972, Heft 3, S. 88

Roh, Juliane: „Werner Knaupp", in: Juliane Roh: *Deutsche Kunst seit 1960. Druckgraphik*, München 1974, S. 85

Roh, Juliane: „Werner Knaupp", in: *Das Kunstwerk*, 32, Dezember 1979, Heft 6, S. 85

Rombold, Günter: „Kunstpreis der Diözese Eichstätt", in: *Kunst und Kirche*, 1972, Heft 4, S. 198

Roser, Hans: „Bildbetrachtung: Der Gekreuzigte – im Kreuz läuft alles Leid zusammen", in: Hans Roser: *Bewußter leben nach einem Herzinfarkt. Erfahrungen und Betrachtungen*, München 1979, S. 79–82

Roser, Hans: „Im Rauch der Kohlenfarbe Ewigkeit", in: *Deutsches Allgemeines Sonntagsblatt*, 14.12.1980

Roser, Hans: „Begegnung und Erkenntnis", in: *Kunstpreis der Evangelischen Kirche in Bayern: Karlheinz Hoffmann, Werner Knaupp*, München 1983 (Laudatio für Werner Knaupp)

Roser, Hans: „Bildnis des kopflosen Christus. Gedicht", in: Heinz-Ulrich Schmidt, Horst Schwebel (Hrsg.): *Mit Bildern predigen*, Gütersloh 1989, S. 58–61

Roters, Eberhard: „Durchgang durch Null", in: *Mitteilungen des Instituts für moderne Kunst Nürnberg*, Juni 1980, Nummer 23, wieder abgedruckt in: *Werner Knaupp. Kunst im Alten Schloß*, Ausstellungskatalog Universität Bayreuth in Zusammenarbeit mit der SchmidtBank Bayreuth und dem Kunstverein Bayreuth, 1980–1981

Schanzmann, Almut: „Zornig auf die Kirche", in: *Kirche und Kunst*, 56, 1978, Heft 1, S. 10–11

Schlagheck, Irma: „Rauch an den Rändern des Lebens. Bilder vom Scheiterhaufen und aus dem Krematorium aus den Jahren 1979/80", in: *Nürnberger Zeitung*, 1.10.1980

Schlagheck, Irma: „Bilder gegen die Todesangst, Werner Knaupp: Bilder 1977–1982", in: *Nürnberger Zeitung*, 22.10.1983

Schmidt, Heinz-Ulrich: „Werner Knaupp: Der kopflose Christus. 2.12.1978", in: Heinz-Ulrich Schmidt, Horst Schwebel (Hrsg): *Mit Bildern predigen*, Gütersloh 1989, S. 56–58

Schmied, Wieland: *Malerei nach 1945 in Deutschland, Österreich und der Schweiz*, Wien 1974, S. 191

Schwebel, Horst: „Nicht ausweichen. Gespräch mit Werner Knaupp", in: *Kunst und Kirche*, 1980, Heft 2, S. 76–79

Schwebel, Horst: „Ein Bild, das mich bewegt. Werner Knaupp: '15.10.77–Kreuzigung'", in: *Katechetische Blätter*, 108, 1983, Heft 1, S. 42

Schwebel, Horst: „Werner Knaupp – Christus mit ausgebranntem Kopf", in: Günter Rombold, Horst Schwebel: *Christus in der Kunst des 20. Jahrhunderts*, Freiburg 1983, S. 147–150

Schwebel, Horst: (Christusidentifikation bei Werner Knaupp), in: Rosemarie Bering-Staschewski u.a.: *Arbeitsbuch Kirchengeschichte. Sekundarbereich II*, Hannover 1986, S. 296–297

Steding, Heinrich: „Pastellzeichnungen von Werner Knaupp", in: *Monatsanzeiger Museen und Ausstellungen in Nürnberg*, Februar 1989, Nummer 104, S. 835

Tacke, Michael: „An der menschlichen Grenze", in: *Mitteilungen des Instituts für moderne Kunst Nürnberg*, Juni 1980, Nummer 23

Thesing, Susanne: „Werner Knaupp. Bilder 1977–1982", in: *Monatsanzeiger Museen und Ausstellungen in Nürnberg*, November 1983, Nummer 32, S. 253–254

Thesing, Susanne: „Werner Knaupp. Bilder 1977–1982", in: *Pantheon*, 41, 1983, Heft 4, S. 364–366

Thesing, Susanne: „'Figur 8' 1984, von Werner Knaupp", in: *Monatsanzeiger Museen und Ausstellungen in Nürnberg*, Februar 1986, Nummer 59, S. 471–474

Vitt, Walter: „Werner Knaupp", in: *Das Kunstwerk*, 24. Januar 1971, Heft 1, S. 80

Wagner, Claudia: *Das Materialbild. Das Material als Ausdrucksträger bei Antoni Tàpies und Werner Knaupp*, Zulassungsarbeit zur ersten Staatsprüfung für das Lehramt an Hauptschulen, vorgelegt an der Erziehungswissenschaftlichen Fakultät der Friedrich-Alexander-Universität Erlangen-Nürnberg, April 1985 (Maschinenschrift)

Wagner, Thomas: „Werner Knaupp", in: *Das Kunstwerk*, 39, Dezember 1986, Heft 6, S. 97–98

Wanner, Ulrich: „Stoff, Geist. Feuer und Eisen: Skulpturen von Werner Knaupp in der Kunsthalle Mannheim", in: *Nürnberger Zeitung*, 26.5.1986

Wiebe, Marianne: „Werner Knaupp. Todesbilder der Gegenwart", in: Marianne Wiebe: *Der Tod und seine Bilder*, Diplomarbeit, vorgelegt an der Fachschule für Kunsttherapie, Kunstpädagogik und Kunst, Ottersberg 1991, S. 59–81

Wiese, Klaus Martin: „Lava in Zeitlupe. Werner Knaupp in der Nürnberger Galerie Defet", in: *Abendzeitung*, 18.4.1969

Wiese, Klaus-Martin: „Das Leiden ohne Ausweg. Werner Knaupp stellt in der Nürnberger Galerie Defet aus", in: *Abendzeitung*, 15./16.4.1978

Wiese, Klaus Martin: „Der Ausbruch zum Lustgewinn: Werner Knaupp überrascht mit der Wende zu leuchtender Farbe", in: *Abendzeitung*, 25.11.1988

Weskott, Hanne: „Werner Knaupp. Zeichnungen", in: *Kunstforum International*, Mai 1979, Band 35, S. 189–190

Zieger, Angela: „Werner Knaupp – Kreuzweg II", *Besucherinformation der Städtischen Museen Heilbronn*, Nummer 112, 1992

FILME

1970
Istvan Bury und Rolf-Gunter Dienst:
*Eine junge Generation*
Norddeutscher Rundfunk, Hamburg

1976
Werner Knaupp und Christoph Gerling (Kamera):
*Lisa, Rosa, Waldemar* (im Schlachthaus)
16 mm, Farbe, ca. 11 Min.

1983
Pädagogischer Dienst der Staatlichen Museen Preußischer Kulturbesitz, Berlin:
*Werner Knaupp, Bilder 1977–1983*
Video, Farbe, ca. 18 Min.

1985
Winfried Parkinson:
*Todesbilder des Werner Knaupp*
Bayerischer Rundfunk, München

# KATALOG

Bei Werken der Jahre 1965 bis 1971 wird auf das Werkverzeichnis verwiesen: *Werner Knaupp. Werkverzeichnis. Bilder und Zeichnungen – 1965 bis 1971, Druckgrafik 1965 bis 1973*, herausgegeben vom Institut für moderne Kunst Nürnberg, 1974

## TUSCHFEDER- UND KUGELSCHREIBERZEICHNUNGEN

1 Sahara, 1965
Tuschfederzeichnung auf Papier,
40 x 53 cm
Werkverzeichnis Nr. 3/1965
Sammlung Marianne und Hansfried Defet

2 Sahara, 1965
Tuschfederzeichnung auf Papier,
41 x 53 cm
Werkverzeichnis Nr. 6/1965
Stadtgeschichtliche Museen Nürnberg

3 Sahara (Wolken), 1965
Tuschfederzeichnung auf Papier,
41 x 53 cm
Werkverzeichnis Nr. 7/1965
Stadtgeschichtliche Museen Nürnberg

4 Sahara, 1965
Tuschfederzeichnung auf Papier,
41 x 53 cm
Werkverzeichnis Nr. 10/1965
Sammlung Marianne und Hansfried Defet

5 Sahara, 1965
Tuschfederzeichnung auf Papier,
41,5 x 53,5 cm
Werkverzeichnis Nr. 13/1965
Privatsammlung

6 Sahara, 1965
Tuschfederzeichnung auf Papier,
39 x 50,5 cm
Werkverzeichnis Nr. 15/1965
Privatsammlung

7 Sahara, 1965
Tuschfederzeichnung auf Papier,
41 x 53 cm
Werkverzeichnis Nr. 17/1965
Privatsammlung

8 Große Wolke, 1966
Tuschfederzeichnung auf Papier,
44 x 55 cm
Werkverzeichnis Nr. 3/1966
Privatsammlung Nürnberg

9 Lofoten, 1967
Schwarzer Kugelschreiber auf Papier,
45 x 58,5 cm
Werkverzeichnis Nr. 11/1967
Sammlung Elke und Hans Jörg Uebel

10 Lofoten, 1967
Schwarzer Kugelschreiber auf Papier,
45 x 58,5 cm
Werkverzeichnis Nr. 13/1967
Sammlung Marianne und Hansfried Defet

11 Lofoten, 1967
Schwarzer Kugelschreiber auf Papier,
45 x 58,5 cm
Werkverzeichnis 44/1967
Sammlung Karl Gerhard Schmidt

12 Lofoten, 1967
Schwarzer Kugelschreiber auf Papier,
43,5 x 58,5 cm
Werkverzeichnis Nr. 50/1967
Privatsammlung

13 Lofoten, 1967
Schwarzer Kugelschreiber auf Papier,
44 x 57 cm
Werkverzeichnis Nr. 51/1967
Privatsammlung

14 Meer, 1967
Schwarzer Kugelschreiber auf Papier,
45 x 58,7 cm
Werkverzeichnis Nr. 39/1967
Privatsammlung

15 Vulkan, 1968
Schwarzer Kugelschreiber auf Papier,
44,5 x 59 cm
Werkverzeichnis Nr. 16/1968
Privatsammlung

16 Vulkan, 1968
Schwarzer Kugelschreiber auf Papier,
45 x 58 cm
Werkverzeichnis Nr. 17/1968
Privatsammlung

17 Vulkan, 1968
Schwarzer Kugelschreiber auf Papier,
44,5 x 58 cm
Werkverzeichnis Nr. 18/1968
Sammlung Elke und Hans Jörg Uebel

18 Vulkan, 1968
Schwarzer Kugelschreiber auf Papier,
45 x 58 cm
Werkverzeichnis Nr. 21/1968
Graphische Sammlung
Staatsgalerie Stuttgart

19 Vulkan, 1968
Schwarzer Kugelschreiber auf Papier,
45 x 70 cm
Werkverzeichnis Nr. 31/1968
Sammlung Marianne und Hansfried Defet

20 Vulkan, 1968
Schwarzer Kugelschreiber auf Papier,
45 x 58 cm
Werkverzeichnis Nr. 37/1968
Privatsammlung

## KUGELSCHREIBERBILDER

21 Lofoten, 1967
Schwarzer Kugelschreiber auf Leinwand, 110 x 148,5 cm
Werkverzeichnis 17/1967
Privatsammlung

22 Lofoten, 1970
Schwarzer Kugelschreiber auf Leinwand, 100 x 145 cm
Werkverzeichnis Nr. 4/1970
Sammlung Dr. Klaus Kinkel,
Baden-Baden

23 Vulkan, 1968
Schwarzer Kugelschreiber auf Leinwand, 100 x 120 cm
Werkverzeichnis Nr. 55/1968
Privatsammlung

24 Vulkan, 1968
Schwarzer Kugelschreiber auf
Leinwand, 103 x 125 cm
Werkverzeichnis Nr. 57/1968
Privatsammlung

25 Vulkan, 1968-69
Schwarzer Kugelschreiber auf
Leinwand, 100 x 145 cm
Werkverzeichnis Nr. A 1/68/69
Sammlung Marianne und Hansfried
Defet

26 Vulkan, 1969
Schwarzer Kugelschreiber auf
Leinwand, 100 x 140 cm
Werkverzeichnis Nr. A5/1969
Städtische Galerie Schloß Wolfsburg

27 Horizont, 1970
Schwarzer Kugelschreiber auf
Leinwand, 95 x 140 cm
Werkverzeichnis Nr. 6/1970
Privatbesitz M+WS

28 Horizont, 1970
Schwarzer Kugelschreiber auf
Leinwand, 100 x 145 cm
Werkverzeichnis Nr. 7/1970
sammlung SER

29 Wolken, 1970
Schwarzer Kugelschreiber auf
Leinwand, 100 x 145 cm
Werkverzeichnis Nr. 7/1970 „Wolken"
Bayerische Staatsgemäldesammlungen
München, Leihgabe aus der Sammlung
Etta und Otto Stangl

30 Wolken 1971
Schwarzer Kugelschreiber auf
Leinwand, 100 x 145 cm
Nicht im Werkverzeichnis
Privatsammlung Rheinbach

31 Regen, 1971
Schwarzer Kugelschreiber auf
Leinwand, 100 x 145 cm
Werkverzeichnis Nr. 14/1971
„Regenbild"
Privatsammlung

32 Vernarbung 2/72, 1972
Schwarzer Kugelschreiber, Acryl auf
Leinwand, 81 x 100 cm
Privatsammlung

33 Vernarbung 2/73, 1973
Schwarzer Kugelschreiber, Acryl auf
Leinwand, 110 x 130 cm
Besitz des Künstlers

34 Vernarbung 4/73, 1973
Schwarzer Kugelschreiber, Acryl auf
Leinwand, 120 x 160 cm
Sammlung Marianne und Hansfried
Defet

35 Vernarbung 5/73, 1973
Schwarzer Kugelschreiber, Acryl auf
Leinwand, 88 x 110 cm
Privatsammlung Freiburg im Breisgau

36 Vernarbung 6/73, 1973
Schwarzer Kugelschreiber, Acryl auf
Leinwand, 88 x 110 cm
Privatsammlung

37 4/73, 1973
Schwarzer Kugelschreiber, Acryl auf
Leinwand, 81 x 100 cm
Privatsammlung

38 Kopf 6/73 (für Antes), 1973
Kugelschreiber und Acryl auf
Leinwand, 106 x 140 cm
Kunsthalle Nürnberg

39 Kopf 15/75, 1975
Kugelschreiber und Acryl auf
Leinwand, 150 x 120 cm
Sammlung Marianne und Hansfried
Defet

40 Kopf 17/75, 1975
Kugelschreiber und Acryl auf
Leinwand, 170 x 120 cm
Privatsammlung

41 Kopf 2/76, 1976
Kugelschreiber und Acryl auf
Leinwand, 150 x 120 cm
Privatsammlung

42 Kopf 3/76, 1976
Schwarzer Kugelschreiber, Acryl auf
Leinwand, 116 x 85 cm
Sammlung Prof. Dr. Böcker, Bayreuth

43 Windhose 1974
Schwarzer Kugelschreiber auf
Leinwand, 170 x 120 cm
Privatbesitz M+WS

KÖPFE, GEZEICHNET, GERISSEN,
GEBRANNT

44 Kopf 19.6.76, 1976
Kohle auf Papier, 44,5 x 30 cm
Privatsammlung

45 Kopf 30.9.76, 1976
Kohle auf Papier, 65 x 49 cm
Sammlung Marianne und Hansfried
Defet

46 Kopf 2.10.76, 1976
Kohle auf Papier, 66 x 50 cm
Privatbesitz M+WS

47 Kopf 4.12.76/2, 1976
Kohle auf Papier, eingebranntes Loch,
50,5 x 34 cm
Museum Ludwig Köln

48 Kopf 5.12.76/2, 1976
Kohle auf Papier, 50,5 x 36,5 cm
Sammlung Dr.med.habil. Thomas
Bronisch, München

49 Kopf 5.12.76/4, 1976
Kohle auf Papier, eingebranntes Loch,
45 x 40 cm
Sammlung M. Porst

50 Kopf 13.12.76, 1976/1979
Kohle auf Papier, 68 x 50 cm
Besitz des Künstlers

51 Kopf 4.1.77, 1977
Kohle auf Papier, eingebranntes Loch,
52,5 x 42,5 cm
Sammlung Claude Sui-Bellois

52 Kopf 16.1.77/1, 1977
Kohle auf Papier, eingebranntes Loch,
50,5 x 40 cm
Sammlung M. Porst

53 Kopf 17.1.77, 1977
Kohle auf Papier, eingebranntes Loch,
76 x 53 cm
Privatsammlung

54 Kopf 19.1.77, 1977
Kohle auf Papier, eingerissen,
60,5 x 44,5 cm
Privatsammlung

55  Kopf 21.1.77, 1977
Kohle auf Papier, eingerissen,
43,5 x 30 cm
Sammlung Maria Rothe,
Frankfurt am Main

56  Kopf 23.1.77, 1977
Kohle auf Papier, eingerissen,
53 x 33 x cm
Privatsammlung Bremen

57  Kopf 3.2.77, 1977
Kohle auf Papier, eingerissen,
45,5 x 30,5 cm
Besitz des Künstlers

58  Kopf 10.2.77/2, 1977
Kohle auf Papier, eingerissen,
48 x 33 cm
Sammlung K. Bröer, Peunting

ZEICHNUNGEN AUS DEM
NERVENKRANKENHAUS
BAYREUTH

59  NKH Bayreuth 24.8.77, 1977
Kohle auf Papier, 100 x 70 cm
Sammlung der Stadt Bayreuth

60  NKH Bayreuth 27.8.77, 1977
Kohle auf Papier, 105 x 75 cm
Sammlung Marianne und Hansfried
Defet

61  NKH Bayreuth 16.9.77, 1977
Kohle auf Papier, 105 x 75 cm
Privatbesitz

62  NKH Bayreuth 20.9.77, 1977
Kohle auf Papier, 105 x 75 cm
Sammlung Gangla, Düsseldorf

63  NKH Bayreuth 15.10.77, 1977
Kohle auf Papier, eingebranntes Loch,
105 x 75 cm
Privatbesitz

64  NKH Bayreuth 21.10.77, 1977
Kohle auf Papier, eingebranntes Loch,
105 x 75 cm
Sammlung Marianne und Hansfried
Defet

65  NKH Bayreuth 24.11.77/2, 1977
Kohle auf Papier, eingebranntes Loch,
105 x 75 cm
Städtische Galerie Erlangen

66  NKH Bayreuth 3.1.78, 1978
Kohle auf Papier, 105 x 75 cm
Privatsammlung

67  NKH Bayreuth 8.1.78, 1978
Kohle auf Papier, 75 x 105 cm
Privatsammlung

68  NKH Bayreuth 10.1.78, 1978
Kohle auf Papier, 105 x 75 cm
Privatsammlung Freiburg im Breisgau

69  NKH Bayreuth 17.1.78, 1978
Kohle auf Papier, eingebranntes Loch,
105 x 75 cm
Galerie Bernd Lutze, Friedrichshafen

70  NKH Bayreuth 22.3.78, 1978
Kohle auf Papier, 105 x 75 cm
Privatsammlung

71  NKH Bayreuth 23.6.78, 1978
Kohle auf Papier, 75 x 105 cm
Wilhelm-Hack-Museum,
Ludwigshafen am Rhein

72  NKH Bayreuth 6.10.78, 1978
Kohle auf Papier, 75 x 105 x cm
Städtische Galerie im Lenbachhaus,
München

KREUZWEG I UND II

73  Kreuzweg I, 1977-1979
NKH Bayreuth 22.9.77,
Kohle auf Papier, 105 x 75 cm
NKH Bayreuth 1.10.77,
Kohle auf Papier, 105 x 75 cm
NKH Bayreuth 11.1.78,
Kohle auf Papier, 105 x 75 cm
NKH Bayreuth 8.2.78,
Kohle auf Papier, 105 x 75 cm
NKH Bayreuth 23.2.78,
Kohle auf Papier, 105 x 75 cm
NKH Bayreuth 27.2.78,
Kohle auf Papier, 105 x 75 cm
NKH Bayreuth 9.3.78,
Kohle auf Papier, 105 x 75 cm

NKH Bayreuth 11.3.78,
Kohle auf Papier, eingebranntes Loch,
schwarz hinterlegt, 100 x 70 cm
NKH Bayreuth 29.9.78,
Kohle auf Papier, 105 x 75 cm
NKH Bayreuth 1.10.78,
Kohle auf Papier, 105 x 75 cm
NKH Bayreuth 21.10.78,
Kohle auf Papier, 105 x 75 cm
NKH Bayreuth 1.5.79,
Kohle auf Papier, 105 x 75 cm
Kopf 1.10.79, Gouache auf Papier,
gerissen, 105 x 75 cm
Kopf 30.8.79, Gouache auf Papier,
gerissen, 105 x 75 cm
Kunsthalle Nürnberg

74  Kreuzweg II, 1979-1988
Kopf 1979/88/1, Gouache auf Papier,
gerissen, 105 x 75 cm
Kopf 79/88/4, Gouache auf Papier,
gerissen, 105 x 75 cm
Kopf 79/86/88/5, Gouache auf Papier,
gerissen, 105 x 75 cm
Kopf 24.8.79/88/6, Gouache auf
Papier, gerissen, 105 x 75 cm
Kopf 23.8.79/88/7, Gouache auf
Papier, gerissen, 105 x 75 cm
Kopf 79/88/8, Gouache auf Papier,
gerissen, 105 x 75 cm
Kopf 79/88/9, Gouache auf Papier,
gerissen, 105 x 75 cm
Kopf 79/88/10, Gouache auf Papier,
gerissen, 105 x 75 cm
Kopf 79/88/11, Gouache auf Papier,
gerissen, 105 x 75 cm
Kopf 79/88/12, Gouache auf Papier,
gerissen, 105 x 75 cm
Kopf 79/88/14, Gouache auf Papier,
gerissen, 105 x 75 cm
Kopf 79/88/15, Gouache auf Papier,
gerissen, 105 x 75 cm
Kopf 79/88/16, Gouache auf Papier,
gerissen, 105 x 75 cm
Kopf 79/88/17, Gouache auf Papier,
gerissen, 105 x 75 cm
Papierkiste 1979, Holzkiste, Glas,
Abrisse von Zeichnungen und Bildern,
145 x 85 x 31 cm
Städtische Museen Heilbronn

## VERBRENNUNGEN

75 Verbrennung 7.1.80, 1980
Kohle auf Papier, 75 x 105 cm
Privatsammlung

76 Verbrennung 10.1.80, 1980
Kohle auf Papier, 75 x 105 cm
Privatsammlung

77 Verbrennung 22.2.80, 1980
Kohle auf Papier, 75 x 105 cm
Privatsammlung

78 Verbrennung 30.4.80, 1980
Kohle auf Papier, 75 x 105 cm
Staatliche Kunstsammlungen Dresden,
Kupferstich-Kabinett

79 Verbrennung 28.6.80, 1980
Kohle auf Papier, 75 x 105 cm
Privatsammlung

80 Verbrennung 11.8.80, 1980
Kohle, schwarze Farbe auf Papier,
75 x 105 cm
Kunstsammlung der
Kreissparkasse Esslingen-Nürtingen

81 Verbrennung 4.1.81, 1981
Kohle, schwarze Farbe auf Papier,
75 x 105 cm
Privatsammlung Linz

82 Braune Wand – Verbrennungen,
1981–1982
19.1.82, 23.1.82, 4.1.82, 27.1.82
26.1.82, 21.1.82, 31.1.82, 22.1.82
25.1.82, 16.12.81, 9.1.82, 14.1.82
Gouache, Kohle, Leim, Asche auf
Papier, 75 x 105 cm
Staatliche Museen zu Berlin,
Nationalgalerie

83 Krematorium 6.8.80, 1980
Kohle, schwarze Farbe auf Papier,
75 x 105 cm
Besitz des Künstlers

84 Krematorium 27.9.80, 1980
Kohle, schwarze Farbe auf Papier,
75 x 105 cm
Besitz des Künstlers

85 Schwarze Wand – Krematorium,
1980-1981
15.5.81, 9.5.81, 10.3.81, 5.5.81
16.5.81, 14.5.81, 20.5.81, 23.5.81
10.8.80, 24.5.81, 14.3.81, 27.5.81
Gouache, schwarze Farbe, Kohle auf
Papier, 75 x 105 cm
Sammlung Gangla, Düsseldorf

86 Krematorium 3.4.84/2, 1984
Gouache auf Hartfaser, 80 x 120 cm
Besitz des Künstlers

87 Krematorium 4.4.84/2, 1984
Gouache auf Hartfaser, 80 x 120 cm
Besitz des Künstlers

88 Krematorium 5.4.84/2, 1984
Gouache auf Hartfaser, 80 x 120 cm
Besitz des Künstlers

89 Krematorium 6.4.84/2, 1984
Gouache auf Hartfaser, 80 x 120 cm
Besitz des Künstlers

90 Adamah 25.9.82, 1982
Mischtechnik auf Leinwand auf Preß-
spanplatte, zweiteilig, 100 x 295 cm
Privatsammlung

91 Adamah 27.9.82, 1982
Mischtechnik auf Leinwand auf Preßspanplatte, 120 x 170 cm
Museum für Kunst- und Kulturgeschichte der Hansestadt Lübeck

92 Adamah 30.9.82, 1982
Mischtechnik auf Leinwand,
zweiteilig, 120 x 325 cm
Privatsammlung

93 Adamah 10.12.83, 1983
Farbige Gouache auf Papier,
80 x 120 cm
Privatsammlung

94 Adamah 9.2.84, 1984
Mischtechnik auf Leinwand auf
Preßspanplatte, 100 x 140 cm
Sammlung Björn und Ricarda Luley,
München

95 Adamah 24.2.84, 1984
Mischtechnik auf Leinwand auf
Preßspanplatte, 110 x 150 cm
Sammlung Karl Gerhard Schmidt

## EISENPLASTIKEN

96 Lebensspur (12er Reihe), 1984
Figur 1, zweiteilig, 25 x 26 x 104 cm
Figur 2, zweiteilig, 26 x 26 x 127 cm
Figur 3, zweiteilig, 23 x 22 x 103 cm
Figur 4, zweiteilig, 24 x 40 x 123 cm
Figur 5, einteilig, 33 x 22 x 138 cm
Figur 6, einteilig, 23 x 27 x 204 cm
Figur 7, zweiteilig, 27 x 29 x 128 cm
Figur 8a, zweiteilig, 33 x 27 x 140 cm
Figur 9, zweiteilig, 22 x 26 x 136 cm
Figur 10, einteilig, 30 x 27 x 120 cm
Figur 11, zweiteilig, 20 x 23 x 125 cm
Figur 12, zweiteilig, 25 x 27 x 134 cm
Eisen, gebrannt
Privatsammlung

97 Schacht 2/1984, 1984
Eisen, mit Eisenkopf (gebrannt),
innen steckend, 150 x 19 x 120 cm
Museum für Sepulkralkultur, Kassel

98 100 Köpfe 1984/1985, 1984-1985
Eisen, gebrannt, ca. 24 x 20 x 16 cm
Museum für Sepulkralkultur, Kassel

99 Große Hülle 9/85, 1985
Eisen, gebrannt, zweiteilig,
48 x 45 x 193 cm
Kunsthalle Nürnberg

100 Große Hülle 10/85, 1985
Eisen, gebrannt, zweiteilig,
38 x 38 x 189 cm
Besitz des Künstlers

101 Große Hülle 11/85, 1985
Eisen, gebrannt, einteilig,
47 x 38 x 140 cm
Besitz des Künstlers

102 Große Hülle 12/85, 1985
Eisen, gebrannt, einteilig,
41 x 34 x 105 cm
Besitz des Künstlers

103 Große Hülle 13/85, 1985
Eisen, gebrannt, dreiteilig,
43 x 38 x 252 cm
Städtische Museen Heilbronn

104 Große Hülle 14/85, 1985
Eisen, gebrannt, einteilig,
52 x 38 x 132 cm
Besitz des Künstlers

105 Große Hülle 15/85, 1985
Eisen, gebrannt, zweiteilig,
39 x 35 x 209 cm
Besitz des Künstlers

106 Große Hülle 16/85, 1985
Eisen, gebrannt, zweiteilig,
56 x 43 x 209 cm
Besitz des Künstlers

107 Große Hülle 17/85, 1985
Eisen, gebrannt, dreiteilig,
46 x 38 x 175 cm
Besitz des Künstlers

108 Große Hülle 18/85, 1985
Eisen, gebrannt, einteilig,
40 x 31 x 144 cm
Besitz des Künstlers

109 Große Hülle 19/85, 1985
Eisen, gebrannt, zweiteilig,
39 x 37 x 195 cm
Privatsammlung Freiburg im Breisgau

110 Schmale Hülle 21/85, 1985
Eisen, zweiteilig, 21 x 21 x 390 cm
Besitz des Künstlers

111 Schmale Hülle 22/85, 1985
Eisen, zweiteilig, 21 x 21 x 254 cm
Besitz des Künstlers

112 Schmale Hülle 24/85, 1985
Eisen, zweiteilig, 23 x 23 x 264 cm
Besitz des Künstlers

113 Schmale Hülle 27/85, 1985
Eisen, zweiteilig, 21 x 21 x 266 cm
Besitz des Künstlers

114 Schmale Hülle 28/85, 1985
Eisen, zweiteilig, 22 x 26 x 258 cm
Besitz des Künstlers

115 Schmale Hülle 29/85, 1985
Eisen, zweiteilig, 22 x 25 x 258 cm
Besitz des Künstlers

116 Großer Kopf 4/1986, 1986
Eisen, 264 x 44 x 63 cm
Besitz des Künstlers

PASTELLE

117 Walchensee 2.9.87, 1987
Pastell, 36 x 48 cm
Privatsammlung

118 Berg 1.3.88, 1988
Pastell, 42 x 56 cm
Privatsammlung

119 Vulkan 29.6.88, 1988
Pastell, 42 x 56 cm
Privatbesitz M+WS

120 13.1.89 (Monde und Sonnen), 1989
Pastell, 42 x 56 cm
Privatsammlung

121 Vulkan 4.2.89, 1989
Pastell, 42 x 56 cm
Sammlung Hans Hahn, Winkelhaid

122 Vulkan 9.4.89, 1989
Pastell, 42 x 56 cm
Besitz des Künstlers

123 Vulkan 21.4.89, 1989
Pastell, 42 x 56 cm
Besitz des Künstlers

124 Vulkan 2.5.89, 1989
Pastell, 42 x 56 cm
Besitz des Künstlers

125 4.5.89 (Monde und Sonnen), 1989
Pastell, 42 x 56 cm
Besitz des Künstlers

126 6.5.89 (Monde und Sonnen), 1989
Pastell, 42 x 56 cm
Besitz des Künstlers

127 Vulkan 11.1.90, 1990
Pastell, 42 x 56 cm
Besitz des Künstlers

128 Vulkan 12.1.90, 1990
Pastell, 42 x 56 cm
Privatsammlung M+WS

129 Vulkan 14.1.90, 1990
Pastell, 42 x 56 cm
Sammlung Walter H. Lechner

130 Vulkan 21.1.90, 1990
Pastell, 42 x 56 cm
Privatsammlung Nürnberg

131 Vulkan 24.1.90, 1990
Pastell, 42 x 56 cm
Galerie Rothe, Frankfurt am Main

132 Vulkan 27.1.90, 1990
Pastell, 42 x 56 cm
Privatsammlung Nürnberg

133 Vulkan 1.5.90, 1990
Pastell, 42 x 56 cm
Sammlung des
Nervenkrankenhauses Bayreuth

134 Vulkan 3.5.90, 1990
Pastell, 42 x 56 cm
Privatsammlung M+WS

135 Vulkan 2.6.90, 1990
Pastell, 42 x 56 cm
Privatsammlung

136 Vulkan 7.6.90, 1990
Pastell, 42 x 56 cm
Sammlung Marianne und Hansfried Defet

137 Vulkan 16.6.90, 1990
Pastell, 42 x 56 cm
Privatsammlung

138 Vulkan 25.6.90, 1990
Pastell, 42 x 56 cm
Sammlung Marianne und Hansfried Defet

139 Vulkan 5.2.92, 1992
Pastell, 42 x 56 cm
Privatsammlung

140 Vulkan 9.2.92, 1992
Pastell, 42 x 56 cm
Privatsammlung Freiburg im Breisgau

141 Vulkan 2.3.92, 1992
Pastell, 80 x 120 cm
Privatsammlung

142 Vulkan 3.3.92, 1992
Pastell, 80 x 120 cm
Besitz des Künstlers

143 Vulkan 4.3.92, 1992
Pastell, 80 x 120 cm
Besitz des Künstlers

144 Vulkan 6.3.92, 1992
Pastell, 80 x 120 cm
Besitz des Künstlers

145 Vulkan 8.3.92, 1992
Pastell, 80 x 120 cm
Besitz des Künstlers

146 Vulkan 9.3.92, 1992
Pastell, 80 x 120 cm
Privatsammlung

147 Vulkan 10.3.92, 1992
Pastell, 80 x 120 cm
Besitz des Künstlers

148 Vulkan 11.3.92, 1992
Pastell, 80 x 120 cm
Besitz des Künstlers

149 2.4.92 (Monde und Sonnen), 1992
Pastell, 69 x 99 cm
Sammlung Matthias Mende, Nürnberg

150 3.4.92 (Monde und Sonnen), 1992
Pastell, 69 x 99 cm
Sammlung Alexandra M. Hackelsberger, Bad Säckingen

151 4.4.92 (Monde und Sonnen), 1992
Pastell, 69 x 99 cm
Sammlung Gangla, Düsseldorf

152 5.4.92 (Monde und Sonnen), 1992
Pastell, 69 x 99 cm
Sammlung Peter Schmid

153 6.4.92 (Monde und Sonnen), 1992
Pastell, 69 x 99 cm
Besitz des Künstlers

154 Vulkan 6.7.92, 1992
Pastell, 80 x 120 cm
Besitz des Künstlers

155 Vulkan 8.7.92, 1992
Pastell, 80 x 120 cm
Besitz des Künstlers

156 Vulkan 10.7.92, 1992
Pastell, 80 x 120 cm
Besitz des Künstlers

157 Vulkan 11.7.92, 1992
Pastell, 80 x 120 cm
Besitz des Künstlers

158 Vulkan 14.7.92, 1992
Pastell, 80 x 120 cm
Besitz des Künstlers

159 Vulkan 15.7.92, 1992
Pastell, 80 x 120 cm
Besitz des Künstlers

160 Vulkan 16.7.92, 1992
Pastell, 80 x 120 cm
Privatsammlung

161 Vulkan 3.8.92, 1992
Pastell, 80 x 120 cm
Privatsammlung

162 Vulkan 5.8.92, 1992
Pastell, 80 x 120 cm
Privatsammlung

163 Vulkan 6.8.92, 1992
Pastell, 80 x 120 cm
Privatsammlung

164 Vulkan 7.8.92, 1992
Pastell, 80 x 120 cm
Privatsammlung

165 Vulkan 9.8.92, 1992
Pastell, 80 x 120 cm
Privatsammlung

166 Vulkan 10.8.92, 1992
Pastell, 80 x 120 cm
Privatsammlung

167 Vulkan 12.8.92, 1992
Pastell, 80 x 120 cm
Privatsammlung

168 Vulkan 14.8.92, 1992
Pastell, 80 x 120 cm
Besitz des Künstlers

169 Vulkan 16.8.92, 1992
Pastell, 80 x 120 cm
Besitz des Künstlers

170 Vulkan 18.8.92, 1992
Pastell, 80 x 120 cm
Privatsammlung

171 Vulkan 22.8.92, 1992
Pastell, 80 x 120 cm
Privatsammlung

172 Vulkan 24.8.92, 1992
Pastell, 80 x 120 cm
Privatsammlung

173 Vulkan 26.8.92, 1992
Pastell, 80 x 120 cm
Privatsammlung

## IMPRESSUM

Eine Publikation der Kunsthalle
Nürnberg und der Städtischen
Galerie Erlangen in Zusammenarbeit
mit dem Institut für moderne Kunst
Nürnberg aus Anlaß der
gleichnamigen Ausstellung
vom 17. Juni bis 29. August 1993
in der Kunsthalle Nürnberg,
Lorenzer Straße 32, 90402 Nürnberg
und vom 17. Juni bis 22. August 1993
in der Städtischen Galerie
Erlangen, Palais Stutterheim,
Am Marktplatz 1, 91054 Erlangen

Ausstellung und Katalog:
Lucius Grisebach, Christine
Hopfengart (Nürnberg)
Karl Manfred Fischer,
Lisa Puyplat (Erlangen)

Organisation und
redaktionelle Mitarbeit:
Christine Hopfengart, Josef Helfrecht,
Wolfgang Horn, Andrea Madesta
(Nürnberg)
Gerhard C. Tillmann, Dietlinde
Schunk-Assenmacher (Erlangen)
Manfred Rothenberger (Verlag für
moderne Kunst Nürnberg)

Grafische Gestaltung:
Wolfgang A. Weber,
Stadtgrafik Nürnberg

Gesamtherstellung:
Benedict Press, Münsterschwarzach

Auflage: 1300 Exemplare

© Verlag für moderne Kunst Nürnberg
und Autoren

Printed in Germany
Alle Rechte vorbehalten
ISBN 3-928342-25-8

## FOTONACHWEIS

Jörg P. Anders, Berlin S. 118-131,
162/163, 164/165, 168
Peter Dorst, Nürnberg S. 97-100,
189-216
Arno Hensmanns, Kassel S. 160/161,
178/179
Dieter Hinrichs, München S. 174-177
Barbara Knaupp, Ernhofen S. 186
Foto Kühn, Nürnberg S. 49
Günther Kühnel, Fürth S. 71, 75-78,
87-89, 92, 94, 96, 107, 109, 110-112,
115, 218
Rosemarie Nohr, München S. 73
Kurt Paulus, Nürnberg S. 80-86, 90,
101-103, 166, 167, 173, 184/185
Fritz Rapp, Rottweil S. 180/181
Rheinisches Bildarchiv, Köln S. 95
Foto Rösler, Nürnberg S. 53, 54, 58,
61, 63, 65, 66, 72, 74
Friedl Rösler-Diem, Hornau S. 52,
55, 56, 59, 60, 64, 67, 70
Philipp Schönborn, München S. 187
Foto Seibold, Heilbronn S. 132-146
Margitta Wickenhäuser, Mannheim
S. 182, 183
Ulf Wiech, Altdorf S. 148, 149, 151,
152, 154-159